TÔ ME FORMANDO, E AGORA?

Mariana Reis

TÔ ME FORMANDO, E AGORA?

Editora Senac Rio – Rio de Janeiro – 2023

Senac RJ

Presidente do Conselho Regional
Antonio Florencio de Queiroz Junior

Diretor Regional
Sergio Arthur Ribeiro da Silva

Diretor de Operações Compartilhadas
Pedro Paulo Vieira de Mello Teixeira

Assessor de Inovação e Produtos
Claudio Tangari

Editora Senac Rio
Rua Pompeu Loureiro, 45/11º andar
Copacabana – Rio de Janeiro
CEP: 22061-000 – RJ
comercial.editora@rj.senac.br
editora@rj.senac.br
www.rj.senac.br/editora

Editora
Daniele Paraiso

Produção editorial
Cláudia Amorim (coordenação), Manuela Soares (prospecção), Andréa Regina Almeida e Gypsi Canetti (copidesque e revisão de textos), Priscila Barboza, Roberta Silva e Vinícius Silva (design)

Impressão: Imos Gráfica e Editora Ltda.
1ª edição: março de 2023

CIP-BRASIL. CATALOGAÇÃO NA PUBLICAÇÃO
SINDICATO NACIONAL DOS EDITORES DE LIVROS, RJ

R311t

Reis, Mariana
    Tô me formando, e agora? / Mariana Reis. - 1. ed. - Rio de Janeiro : Ed. SENAC Rio, 2023.
    184 p. ; 21 cm.

    ISBN 978-65-86493-97-9

    1. Administração pessoal. 2. Profissões - Desenvolvimento. I. Título.

23-82709
                  CDD: 650.14
                  CDU: 658.310.8-051

Gabriela Faray Ferreira Lopes - Bibliotecária - CRB-7/6643

DEDICATÓRIA

Dedico este livro aos meus primeiros professores da vida, aos meus pais, Alexandre e Valéria, e aos meus avós Nilza, Esmênia e Walterlei. Tudo o que lerem aqui é fruto da convivência, dos ensinamentos, base, princípios que eles me transmitiram. Que cada página possa retribuir minimamente a minha gratidão e meu amor infinito. Obrigada.

"O seu nível de sucesso raramente excederá o seu nível de desenvolvimento pessoal, pois o sucesso é algo que você atrai pela pessoa que se torna."

Jim Rohn

SUMÁRIO

PREFÁCIO

É muito mais que satisfação o que sinto ao escrever o prefácio deste livro. Sinto-me verdadeiramente orgulhoso, uma vez que venho acompanhando a trajetória e jornada irrefreável da Mariana.

Como CEO, acredito que uma empresa se constrói com e por pessoas. Quando me deparei com as propostas e provocações desta obra, veio a certeza de que a área de recursos humanos se transformou definitivamente em uma área estratégica dentro das corporações.

Ações compartilhadas, decisões coletivas, metodologia comprovada matematicamente, indicadores precisos, acessibilidade das técnicas, pessoas comprometidas e resultados superiores. Cada página desta obra conduziu, de forma bastante natural, à convicção de que esses são passos certeiros direcionados à construção de resultados duradouros e alinhados com a nova era.

E esse desafio assume uma dimensão ainda superior, pois alinha definitivamente as ações de recursos humanos às principais estratégias de negócio das empresas. É a demonstração de que é possível empreender com as mais nobres práticas de gestão de pessoas, liderança propositiva e inteligência coletiva.

Entendo que, quando desejamos obter resultados importantes, investimos no desenvolvimento das atitudes, mas quando queremos eternizar uma condição, mexemos em paradigmas. Essas leituras mudam o nosso olhar. Mudaram o meu. Não apenas a visão sobre elas, mas sobre nós. Convido você, então, a embarcar nessa profusão do saber e sentir muito além do que tive a honra de apresentar.

Durante certo tempo insisti em paralelizar o que leio e sinto com a vida que levamos, tanto na pessoa física quanto na jurídica. É irresistível fazer isso, sobretudo nas questões que envolvem colaboração, uso de recursos, comunicação, segurança da informação, eficiência regenerativa, adaptabilidade a situações críticas e mais uma coleção de operações e desafios típicos da nossa jornada em sociedade.

Essa é uma grande mudança — da era do desbravar janelas para irradiar novas luzes aos tempos das novas cavernas de Platão, agora em suas versões mais modernas.

Este livro é destinado a quem ainda apetece o prazer da descoberta, seja qual for, desde as mais profundas e científicas até as mais prosaicas situações.

Boa leitura!

Marcelo Gomes,
presidente Brasil da Alvarez&Marsal

APRESENTAÇÃO

Olá, tudo bem?

Prazer, sou a Mariana Reis. Antes de compartilhar com vocês provocações e insights para contribuir com sua nova fase de vida e carreira, gostaria que me conhecessem melhor e entendessem por que estou aqui falando sobre esse assunto e qual é meu propósito.

Sou apaixonada por pessoas e já trabalho com recursos humanos há alguns anos, inclusive essa história toda de carreira e orientação profissional começou na faculdade, muito antes de eu ter experiência na área.

Sabe quando a gente está buscando estágio e se inscreve em vários processos seletivos ao mesmo tempo? Então, eu acabei passando em cinco deles, nas maiores empresas do Brasil. Por causa disso, meus amigos me perguntavam: "Mari, tenho entrevista amanhã, o que que eu falo lá?" ou "Mari, dá uma olhada no meu currículo?" Então, considerando minha superexperiência (#sóquenão), eu analisava e dava algumas dicas. "Olha, falei isso, segue por esse caminho para ver se vai dar certo" e acabava acompanhando-os nos processos, dando sugestões, e não é que funcionava? Alguns conseguiram as vagas que queriam, e hoje vejo que meu "desenrolo" devia ser muito bom, porque técnica, naquela época, eu não tinha nenhuma.

Sou formada em administração de empresas pelo Instituto Brasileiro de Mercado de Capitais (Ibmec RJ), tenho mestrado em gestão de projetos na Escuela de Administración de Empresas (EAE Business School), de Barcelona, e experiência nas áreas comercial, de recrutamento, seleção, treinamento e gestão estratégica em empresas de grande porte e startups.

Iniciei minha carreira no segmento de petróleo e gás, passando pelos setores comercial e de recursos humanos (RH). Hoje, atuo como consultora de recrutamento para os mercados nacional, europeu e asiático; sou fundadora da UpTalent, empresa de consultoria de recursos humanos, onde atuo como headhunter, realizo mentorias, projetos, palestras e cursos na área de gestão de carreiras, que, além de meu trabalho, é um tema pelo qual sou apaixonada.

Extremamente curiosa, amo aprender coisas novas. Como o ser humano me desperta muito interesse, sempre desconfiei de que queria atuar com RH. O tempo todo estou atenta ao que posso assimilar com as pessoas e circunstâncias.

Acho que a pergunta que mais fiz e faço na vida é: "Não entendi nada disso, me explica?" E aí aprendo um pouquinho a cada dia, pois acredito que todo mundo tem algo a nos ensinar, basta estarmos ligados e abertos a isso.

Adoro viajar, ler, conhecer pessoas, vivenciar experiências gastronômicas, boa conversa, esporte, praia, futebol, estar com minha família e amigos. Gente que gosta de gente, sabe? Então, essa sou eu.

Eu me considero MUITO realizada profissionalmente, mas sei que foi um longo processo para chegar até aqui.

Precisei me encontrar, conhecer meu propósito; trabalhei e venho trabalhando minha marca pessoal rumo ao meu objetivo. Esse caminho extenso teve muitos erros e acertos, e foi pensando em todas as dificuldades e ansiedade pelas quais passei nesse início de carreira que tive a ideia de escrever este livro.

Vou compartilhar minha expertise na área de RH, minha visão do mercado de trabalho global e minhas experiências pessoais. Vou mostrar a você o outro lado da moeda, ou seja, meu dia a dia como recrutadora atuante em mais de 15 países. Quero passar adiante tudo o que os recrutadores observam, mas não contam, sobre os processos seletivos. Tudo isso com o propósito de ajudar a alinhar o seu ser (essência) com o seu fazer (trabalho), trazendo insights que darão mais segurança ao abordar o mercado, tanto quanto auxiliarão na construção e manutenção de uma rede de relacionamentos eficaz, no uso profissional das mídias sociais e da sua marca pessoal.

Tô me formando, e agora? busca orientar não apenas jovens formandos mas também aqueles que buscam recolocação ou transição de carreira. Vamos explorar tendências de mercado, habilidades para o profissional do futuro e a importância de tratar esse assunto com autorresponsabilidade e autogestão. Ou seja, provocar você, leitor, a parar e tirar um momento para pensar em si próprio, na sua carreira e no seu futuro. Analisar a longo prazo, de forma estratégica e responsável o quanto antes.

O que você pode começar a fazer hoje pelo seu futuro? Meu intuito é que você já possa aplicar certos ensinamentos ao longo da leitura, não precisa nem esperar terminar o livro para colocar em prática. A palavra de ordem é aplicabilidade! Vem comigo, quem sabe eu possa contribuir para que esse processo seja mais curto, leve e eficiente? **#tamojunto**

AGRADECIMENTOS

Este livro é resultado de uma caminhada e eu gostaria de expressar a minha profunda gratidão a todos que me ajudaram ao longo do caminho.

Ao meu pai, Alexandre Reis, um dos melhores líderes, executivos e seres humanos que eu conheço, que honra aprender e beber dessa fonte diariamente, admiro você infinito.

À minha mãe, essa mulher inspiradora, independente, trabalhadora, obrigada por me ensinar a sempre focar na solução, não no problema, e a servir ao próximo; sem seu amor eu nada seria.

Aos meus avós Nilza, Esmênia e Walterlei, que me ensinaram a viver a vida – que vale a pena ser vivida –, com fé, colocando Deus à frente de todos os meus passos e decisões. Obrigada por todas as orações que me sustentaram até aqui. Sou louca por vocês.

Ao meu amor Elias Mainetti, que me apoia, tem paciência, faz sábias contribuições à minha vida e continua sendo um dos maiores incentivadores do meu trabalho.

Um profundo agradecimento também aos meus mentores: Renata Nahon, Ylana Miller, Roberto Aylmer, Bela Fernandes, Luiz Mandarino, Marcelo Gomes, Paulo Sardinha, Ana Abreu, Sacha Milazzo, Anne-Sophie Gau, todos profissionais incríveis que contribuíram muito para a minha formação. Saibam que eu sou resultado de muitos ensinamentos que vocês me passaram e de poder ver de perto e experienciar a entrega e o talento de vocês.

Aos meus amigos, familiares e equipe, que estiveram comigo na primeira live do Instagram, que me escutaram quando ninguém escutava e foram os primeiros embaixadores da minha marca pessoal, a minha total gratidão a vocês: minha irmã Giulia, meu irmão Pedro, Carla, Beltrão, Celine, Aline, Viviane, Jairo, Thay, Carol, Marcelle, Thais, Nath, Gabi, Yanna, Fê, Tainá, Dani, Amanda, Denise, Mirian, Ana Luisa, Tatiana, Matheus, Bruno e Antônio.

A profissionais que eu tanto admiro e que abriram as primeiras portas para que eu possa estar hoje onde estou: Solange Musa, Sergio Motta, Renata Estefan, Alessandro Castro e Sérgio Ribeiro.

Aos meus alunos, mentorados, clientes e parceiros, obrigada por depositarem em mim uma das coisas mais preciosas que nós temos, a sua confiança.

Se hoje tenho a oportunidade de escrever e atingir mais pessoas com meu conhecimento é porque, primeiramente, todos vocês acreditaram. Tô me formando, e agora? não é uma conquista minha, é uma conquista nossa.

Finalmente, agradeço aos leitores, que são a razão de ser deste livro. Obrigada pela confiança e por dedicarem seu tempo a ler esta obra e por compartilharem suas opiniões e reflexões. Espero que esta leitura possa provocar e inspirar muitas pessoas.

Obrigada.

INTRODUÇÃO

Existem dois tipos de profissionais no mercado, um que passa a vida inteira se questionando apenas sobre "Qual será meu próximo emprego?" e outro que pensa na carreira e faz um planejamento estratégico.

A primeira opção é aquele que só se preocupa com o assunto quando é demitido ou já está de saco cheio da posição atual. Daí, fica desesperado atrás de uma nova oportunidade, tem de agir na hora do sufoco e acaba pegando o primeiro emprego que aparece, sem pensar muito, sem estratégia. Mas, quando começa a trabalhar, rapidamente se acomoda também. Vive focado no presente, não planeja, não pensa a longo prazo e muitas vezes, quando vê, não saiu do lugar.

O segundo tipo de profissional tem um propósito, tem uma visão positiva de futuro, sabe aonde quer chegar e se planeja para isso. Ele cuida da própria carreira todo o tempo, investe em cultivar e cocriar sua rede de relacionamentos, está sempre adquirindo novos conhecimentos, sempre se atualizando com cursos, olhando o mercado e acompanhando as tendências. Ele faz escolhas estratégicas, sabe dizer não para o que o afasta do seu objetivo. Esse dificilmente ficará sem emprego ou no sufoco, porque todos os dias está investindo e cuidando da sua carreira.

Qual deles você quer ser?

Se você está começando a carreira agora, maravilha! Então, escolha já começar do jeito certo.

Emprego *versus* carreira

De forma simplificada, pode-se dizer que emprego é quando você recebe uma quantia em troca de determinado trabalho. No entanto, a construção de uma carreira se dá ao longo dos anos, é um planejamento com a finalidade de evolução e realização profissional. Vejo muitas pessoas pensando apenas em qual será seu próximo emprego, mas deixando de lado essa visão a longo prazo.

É importante você ter uma visão positiva de futuro, mas não pode deixar de fazer o seu corre para chegar lá. Todos os dias eu penso nessa frase e lembro que, para alcançar meus objetivos, tenho de fazer a minha parte diariamente. Quando vivemos no modo "deixa a vida me levar", em vez de progredir, podemos, sem perceber, estar dando passos para trás; quando nos damos conta, estamos cada vez mais longe da nossa meta.

Ao pensar nesses conceitos de carreira e sucesso, vem à mente que é preciso olhar o presente sempre considerando o futuro; nada é um resultado apenas imediato. A realização de um curso trará perspectivas melhores e benefícios após algum tempo. E quando não se cuida desse planejamento de carreira, posteriormente pode ser necessário parar, investir tempo no presente para reorganizar o que está por vir.

E para isso é preciso se PREPARAR! Quando trabalhava em uma startup em Barcelona, meu chefe, que era italiano, ouviu eu dizer: "Que sorte! Isso deu certo!" e falou uma frase que nunca mais esqueci. Ele disse: "Mariana, você sabe o que é sorte?" Aí, eu olhei para ele e pensei: Será que estou doida? Até onde sei, sorte tem o mesmo significado, independentemente do idioma. Então, ele complementou: "Sorte é quando a preparação encontra a oportunidade." E isso fez todo o sentido. De fato, as oportunidades estão aí, disponíveis para todos, mas só se tornarão algo positivo se você estiver pronto para agarrá-las. É preciso se preparar muito e estar sempre atento para a sorte alcançar você.

O que para muitos pode significar uma ruptura, esse momento entre o término da graduação e início da vida profissional, tende a ser muito mais tranquilo para aqueles que se preparam. Um estágio que possibilita efetivação ou gera uma experiência valiosa para ingressar em outra vaga é um exemplo de como nossos atos no presente podem amenizar qualquer tipo de adversidade no futuro. Essa preparação é imprescindível também para quem pensa em empreender. Crescimento nunca rima com imediatismo, seja qual for o caminho escolhido. É no futuro que as escolhas são realmente reduzidas, o planejamento prévio é o que separa aqueles que terão poucas ou nenhuma escolha.

E é por isso que escrevi este livro: para munir você de informações, técnicas e orientações que podem ajudar a dar início a sua carreira e abordar o mercado de trabalho de maneira mais ESTRATÉGICA, SEGURA E ASSERTIVA, para que você não perca oportunidades e potencialize sua trajetória profissional.

capítulo 1

CONTEXTO DO MERCADO DE TRABALHO

O que está acontecendo com o mercado de trabalho no mundo?

Inicialmente visto como um "ganha-pão", com o tempo o trabalho passou a ser não só onde se deve ganhar dinheiro mas também se realizar de alguma forma. Entrou em cena o conceito de felicidade relacionado à vida profissional. Contudo, o que vemos hoje é uma geração que corre mais atrás, é preciso haver um propósito, sua ocupação tem de fazer sentido, estar alinhada com seu estilo de vida e crenças. Essa mudança na relação homem-trabalho ao longo dos anos é primordial se quisermos entender como nos posicionar diante dos desafios do mercado. O dinheiro e a realização importam muito, mas hoje em dia, ao fazer nossas escolhas, incluímos também a necessidade de considerar conceitos como visão, missão e valor das empresas. É a chamada conexão de propósitos. Ao definir um emprego, um parceiro corporativo ou mesmo consumir um produto ou serviço, levamos em conta a sinergia que eles têm com nossos valores.

A realidade do mercado de trabalho vem mudando com o conceito de realização e sucesso. Determinadas carreiras desapareceram, outras deixaram de ser majoritariamente masculinas por ocasião de agendas bastante debatidas nos últimos anos, como empoderamento, diversidade e igualdade de gênero.

Segundo essas pautas, ainda podemos citar sustentabilidade, direitos humanos e ações anticorrupção, também muito presentes quando avaliamos o contexto de mercado atual. Um exemplo disso é o engajamento da ONU com a definição de Objetivos de Desenvolvimento Sustentável, os chamados ODS, adotados durante a Cúpula das Nações Unidas sobre o Desenvolvimento Sustentável em 2015, sob o comando do ex-secretário geral Kofi Annan.

São 17 objetivos ambiciosos e interligados, que abrangem desafios como a erradicação da pobreza, proteção do clima e meio ambiente, bem como a criação de um mundo mais justo e próspero para todos. Eles se desdobram em 169 metas a serem cumpridas por governos, empresas e sociedade civil até 2030. Divididas em quatro principais pilares, essas ações globais têm cunho:

- **SOCIAL**

  Relacionadas às necessidades humanas, de saúde, educação, melhoria da qualidade de vida e justiça.

- **AMBIENTAL**

  Tratam da preservação do meio ambiente, com ações que vão da reversão do desmatamento, proteção das florestas e biodiversidade, do combate à desertificação, uso sustentável dos oceanos e recursos marinhos, até a adoção de medidas efetivas contra mudanças climáticas.

- **ECONÔMICO**

  Abordam o uso e o esgotamento dos recursos naturais, a produção de resíduos, o consumo de energia, entre outros.

- **INSTITUCIONAL**

  Dizem respeito à capacidade de colocar em prática os ODS. Veja quais são:

Fonte: *Estratégia ODS*. Disponível em: https://www.estrategiaods.org.br. Acesso em: mar. 2023.

O posicionamento das empresas diante desses assuntos, independentemente do seu porte, dita não só hábitos de consumo como a escolha das empresas das quais se quer fazer parte como colaborador. O mercado cobra uma nova postura, mais inclusiva, plural, e a geração que está iniciando sua vida profissional tende a se identificar com corporações que vivem essa realidade no seu dia a dia. Antes se "conquistava" o colaborador com um bom plano de saúde ou benefícios, mas agora é preciso ampliar essa visão e adotar uma série de posturas e preocupações genuínas. Times colaborativos, cultura de segurança psicológica, gestão de trabalho remoto eficaz, iniciativas de voluntariado educacional e de formação, tudo isso está sendo cobrado pelos profissionais, desde estagiários e trainees a CEOs.

A máquina vai pegar o lugar do homem?

Veja as áreas com maior tendência à expansão e retração:

DEMANDA DECRESCENTE DE TRABALHO

- Assistente de entrada de dados
- Secretários administrativos e executivos
- Analistas de contabilidade, escrituração e folha de pagamento
- Contadores e auditores
- Trabalhadores de montagem e fábrica
- Gerentes administrativos e de serviços comerciais
- Trabalhadores de informações do cliente e atendimento ao cliente
- Gerentes gerais e de operações
- Reparadores mecânicos e de máquinas
- Escriturários de registro de material e manutenção de estoque

97 MILHÕES

85 MILHÕES

DEMANDA CRESCENTE DE TRABALHO

- Analistas e cientistas de dados
- Especialistas em IA e aprendizado de máquina
- Especialistas em Big Data
- Especialistas em marketing digital e estratégia
- Especialistas em automação de processos
- Profissionais de desenvolvimento de negócios
- Especialistas em transformação digital
- Engenheiros de robótica
- Desenvolvedores de softwares e aplicativos
- Especialistas em transformação digital
- Analistas de segurança da informação
- Especialistas em internet das coisas

Fonte: Fórum Econômico Mundial.

Olhamos esse quadro e nos chocamos: "Meu Deus, 85 milhões de empregos vão desaparecer; tô ferrada, né? Vou ficar sem emprego." Muita gente acredita que, com toda essa tecnologia, a máquina vai tomar o lugar do homem, mas aí é que vem a boa notícia: apesar dessa perda, 97 milhões de NOVOS empregos vão aparecer. Então, não é que vai faltar emprego, vai ter até mais; a questão é que haverá uma grande mudança no ESCOPO das funções e muitas delas serão impactadas pela tecnologia. Por isso, uma das perguntas mais importantes é:

> **Qual é a tendência de transformação digital na sua área de atuação? Você PRECISA saber essa resposta.**

No contexto atual, todos nós, de qualquer geração, estamos experimentando novas formas de consumir. Essa "descoberta" será traduzida em um novo comportamento do consumidor, que, por sua vez, faz com que todas as empresas, independentemente do porte, tenham de rever o seu modelo de negócio. Esse novo formato gerará novas formas de atuação e, portanto, um novo modelo de gestão. Temáticas como Digital e Analytics estão encabeçando todas as transformações nas empresas, então "transformação digital" deixa de ser uma questão relacionada à TI e passa a ser uma estratégia institucional.

Mas, entenda, não estou aqui para dar essa resposta pronta, mas para CHAMAR A ATENÇÃO de que, seja qual for a sua área de atuação, você precisa buscar se informar DIARIAMENTE sobre essas tendências.

Máquinas tendem a ser mais eficientes quanto têm uma tarefa a ser cumprida; quando juntamos muitos elementos ou elas têm objetivos menos específicos, começa a ficar muito complexo para qualquer equipamento, e é aí que o ser humano se sobressai. Criatividade e solução de problemas complexos são nossos diferenciais sobre as inteligências artificiais (IAs.)

Trabalhos mais manuais e repetitivos são executados com facilidade por inteligência artificial e têm propensão a ser substituídos. E o que "surge" está justamente ligado a funções que potencializam as habilidades humanas, como gerenciamento, aconselhamento, tomada de decisões, raciocínio, comunicação e interação.

Todavia, a extinção e o surgimento de novas carreiras não são exclusividade da inovação tecnológica; esse movimento é inerente a qualquer mudança de era. Quando os carros surgiram, por exemplo, condutores de charretes perderam suas ocupações; manteve a empregabilidade quem conseguiu perceber e se adaptar às mudanças. O mesmo costuma acontecer com motoristas de táxi diante dos carros autônomos ou entregadores, que disputam com robôs e drones. A realidade é que, como esse panorama não se dá de um dia para o outro, profissionais mais flexíveis que se adaptem ao novo ambiente serão necessários pelo período de aprendizado para incorporar essas inovações no dia a dia de qualquer empresa.

Novas profissões estão sendo criadas e tantas outras têm se expandido com o uso dessas tecnologias. A utilização de celulares e internet móvel possibilitou, por exemplo, que empresas e profissionais chegassem aos potenciais clientes por meio dos aplicativos. Os tradicionais pontos de táxi deram lugar a plataformas como Uber e 99. Trabalhadores autônomos oferecem seus produtos e serviços sem depender de loja ou espaço físico. Outro exemplo são os assistentes de voz, que têm cada vez mais espaço em ambientes corporativos, seja agendando reuniões, seja fazendo compras, programando transportes ou organizando compromissos em geral. A tecnologia economiza tempo e aumenta a produtividade, mas quem executava esse tipo de tarefa agora precisa desenvolver novos atributos. Esse novo cenário, que se baseia no uso da tecnologia, assume a etapa operacional e coloca o capital humano em posições estratégicas. Profissões que exigem criatividade, empatia e compaixão nunca serão substituídas por robôs ou algoritmos.

Entre os setores com maior potencial de crescimento, vemos as tecnologias da quarta revolução industrial, os cuidados com saúde, criação de conteúdo, computação em nuvem, dados, automação industrial, desenvolvimento de produtos e novas funções em engenharia. Mas, independentemente de ser uma área recém-criada ou já existente, o fato inegável é que todas vêm sendo bem impactadas e, hoje, faz mais sentido pensar em áreas de interesse do que propriamente em profissões, que podem ter seu nome e escopo alterados com maior velocidade daqui para a frente.

Mesmo em carreiras que entendemos como mais tradicionais e "permanentes", tais como direito ou medicina, o uso da tecnologia vem demandando constantes atualizações e dando margem para a criação de muitas funções. Estas são desdobramentos, como consultas online e operações a distância, feitas por robôs; são ciclos característicos dessas tecnologias. Uma vez que essas técnicas mudam, inicia-se uma nova fase com diferentes métodos e ocupações. Para Luiz Mandarino, consultor de inovação e idealizador do Energy Hub Ventures, qualquer jovem hoje em dia deveria investir em conhecimentos relacionados à tecnologia, como codificação e linguagem de programação (*sharp skill*), mas também não descuidar do equilíbrio emocional (*smart skills*). Especializar-se é imprescindível, mas, acima de tudo, é preciso ter calma, muita calma mesmo. "Essa geração sustenta muita carga nos ombros, e por isso tem muita ansiedade. Por nascerem no mundo digital e terem a gameficação por referência, a demanda por aprovação é constante. Uma pergunta muito importante para reflexão: de que adianta almejar altos cargos sem ter um propósito? São os jovens de hoje que vão dirigir o mundo daqui a vinte anos, assim resta saber que mundo vocês vão querer: este mundo louco e caótico ou um que se transforme em algo viável e sustentável para as próximas gerações."

Com base nesse mesmo estudo do Fórum Econômico, o mundo está se requalificando e com foco em especialização. **Quase 50% dos trabalhadores que mantiverem seus cargos nos próximos cinco anos precisarão passar por reciclagens e atualizações**. E os mais afetados pelas tendências pós-pandemia são aqueles que já estavam em desvantagem. A desigualdade será intensificada pelo duplo impacto da tecnologia e recessão.

Transformação digital e seus impactos no mercado

A digitalização pode ser considerada a grande força motriz de todas as mudanças que estamos vivenciando hoje. Sua democratização teve início com o uso de PCs e smartphones, e possibilitou a reunião de importantes fatores que viriam a impactar profundamente o mundo e, em consequência, as carreiras. São eles: capital, conhecimento, tecnologia e habilidade; é a união desses elementos que possibilita que as grandes tecnologias, ou tecnologias disruptivas, provoquem a quebra de antigos padrões e modelos já estabelecidos, remodelando a realidade do trabalho e da própria empregabilidade.

A popularização dos algoritmos e inteligência artificial afeta diretamente carreiras de analistas e cientistas de dados, no entanto o impacto não ocorre apenas sobre eles. A previsão é que essas tecnologias façam cada vez mais parte do cotidiano de todas as profissões. Empresas estão passando por reestruturações e a cada dia mais funções giram em torno da análise de dados. Logo, no caso de transformação digital, não se trata apenas de adquirir uma nova tecnologia ou contratar uma startup para sanar qualquer problema interno das empresas. Muita gente tem uma visão equivocada sobre esse assunto. Para essa mudança, as pessoas precisam ser transformadas, é a mentalidade que tem de ser alterada.

É necessário ser flexível para se adaptar a esse novo escopo, a cultura das empresas precisa deixar que os colaboradores sejam vulneráveis para inovar. Ou seja, transformação digital, apesar do nome, tem muito mais a ver com você que está lendo esse livro do que efetivamente com tecnologia. Ela só acontece quando unimos políticas de recursos humanos (pessoas), políticas de gestão da inovação (processos) e tecnologia (ferramentas).

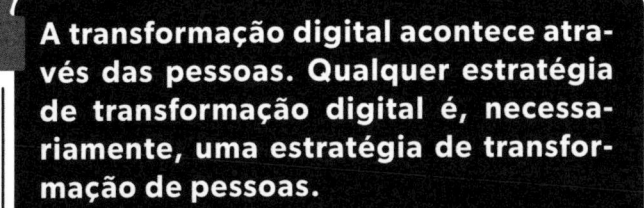

> **A transformação digital acontece através das pessoas. Qualquer estratégia de transformação digital é, necessariamente, uma estratégia de transformação de pessoas.**
>
> Silvio Meira

E você, o quanto está seguindo as tendências de transformação digital? Tem pesquisado esses impactos na sua área de atuação? Como dito, esse tipo de questionamento já faz e fará parte de todos os processos seletivos daqui em diante. Se você quer protagonismo no mercado, é imprescindível estar antenado e ter fluência nas linguagens digitais. Não existe mais espaço para quem não tem essas habilidades. De posse dessas informações, compartilho algumas temáticas que estão impactando cada vez mais o mercado e os escopo das funções. Esses temas, além de gerarem novas vagas de emprego, tendem a afetar quaisquer áreas preexistentes, por isso a importância de estar antenado. Vale lembrar que isso também é insumo para entrevistas e abordagens no mercado. Procure investir um tempo para aprofundar seus conhecimentos nesses assuntos, pois eles podem ser um diferencial.

Internet das coisas (Internet of Things – IoT)

Esse conceito se refere a uma enorme rede de dispositivos conectados e com capacidade de transferência de dados sem necessidade de interferência humana. Dessa forma, instrumentos podem se comunicar para a troca de informações e, associados a serviços de machine learning e inteligência artificial, tomar decisões e/ou prever eventos futuros. M2M (MachineToMachine), D2D (DeviceToDevice) e V2V (VehicleToVehicle) são termos utilizados no mercado para retratar a relação de dispositivos com a internet das coisas.

Machine learning

O aprendizado de máquina é a tecnologia que possibilita que computadores "aprendam" pela análise de dados e modelos analíticos. É um ramo da inteligência artificial que se baseia na ideia de que os sistemas podem se capacitar com a identificação de padrões e tomar decisões com o mínimo de intervenção humana.

Automação

A automação, por sua vez, está relacionada à execução de uma ação resultante de eventos já conhecidos e/ou aprendidos. Basicamente, quando se conhece o comportamento do meio (ou se aprende) e existe uma atividade em que os passos dessa execução já são conhecidos, a automação pode ser utilizada para agilizar esse processo. Os profissionais da área costumam ser pessoas com habilidades nos segmentos de computação, engenharia e estatística.

Indústria 4.0/Tecnologias da quarta Revolução Industrial

É o termo que engloba essas principais soluções do mercado de tecnologia que estamos tratando, como a internet das coisas, 5G e computação em nuvem. É onde todos esses avanços serão colocados juntos a fim de maximizar e tornar as indústrias ainda mais produtivas e eficientes. A indústria 4.0 não é fruto de uma só tecnologia, mas, sim, da associação delas.

5G

É a quinta geração da comunicação móvel. Podemos entendê-lo como a infraestrutura que possibilitará a conexão entre os dispositivos (M2M, D2D, V2V) ou entre os humanos e serviços digitais, como a internet. Comparado às gerações anteriores (1G a 4G), seus principais benefícios estão associados à maior capacidade de transmissão de dados, menor latência (atraso e tempo de resposta) e maior disponibilidade (confiabilidade).

Com isso, novas aplicações e serviços poderão ser oferecidos à sociedade, tais como: carros autônomos, telemedicina, realidade aumentada e virtual, e cidades e fazendas inteligentes. Uma vez que dispositivos e pessoas precisam se comunicar para a troca de informações, o 5G torna-se a chave para viabilização do novo mundo.

Cibersegurança

O conceito é o mesmo da segurança: prevenir danos provocados por criminosos, mas aqui com foco no mundo digital. Com as informações pessoais cada vez mais digitalizadas, é preciso que elas estejam guardadas em segurança para garantir a privacidade do indivíduo. Vale lembrar ainda os requisitos das leis de proteção de dados (LGPD) e conformidade (compliance). O conceito vai muito além da segurança pessoal da informação, abrange também a proteção contra ataques de hackers. Com o mundo cada vez mais conectado, os impactos e danos causados por um agente malicioso se tornam cada vez mais críticos. Imagine uma investida a uma indústria onde toda a linha de produção seja afetada ou, ainda, uma invasão ao sistema de semáforos de uma cidade inteligente. Os profissionais do segmento muitas vezes precisam estar um passo à frente da tecnologia, para evitar e mitigar os riscos de ciberataques, além de estar a par dos requisitos de segurança e leis governamentais.

Cloud computing

A tecnologia propicia alocar serviços e aplicações na nuvem, o que possibilita que sejam acessados de maneira remota. Anteriormente, quando empresas precisavam executar serviços que exigiam recursos computacionais, era necessária a construção de uma infraestrutura própria, conhecida como data center, que envolvia um elevado custo de Capex e Opex.[1] Com os serviços oferecidos pelos provedores de Cloud (entre os

---

[1] **Capex**: capital expenditure – despesas ou investimentos em bens de capital de uma empresa. Exemplo: aquisição de hardware para infraestrutura do ambiente de Cloud.
Opex: operational expenditure – despesas operacionais, o capital utilizado para manter, fazer a gestão ou melhorar os bens físicos de uma empresa.

principais, Amazon, Microsoft e Google), empresas passaram a alugar a infraestrutura (data center) e destinar foco total no desenvolvimento do serviço (aplicação), convertendo os custos que antes eram Capex + Opex, para Opex. Em geral, os profissionais do segmento são de computação/TI e engenheiros. Assim como o 5G, a Cloud faz parte da base fundamental de infraestrutura das novas aplicações.

Todas essas definições anteriores estão diretamente relacionadas ao novo mundo e a uma nova forma de trabalho. Segundo o engenheiro e especialista em 5G e Cloud, Elias Mainetti, elas vão trabalhar em conjunto, como uma orquestra em perfeita harmonia. A exemplo, em uma indústria 4.0, todos os conceitos e tecnologias que vimos até agora estão trabalhando juntos. Sensores (IoT) usarão uma conexão (5G) e enviarão arquivos para um sistema de armazenamento seguro na nuvem (Cloud + cybersegurança), que serão processados, entendidos (machine learning), e executados automaticamente (automação). É isso, o profissional do futuro estará lidando com tudo isso de uma só vez.

Metaverso: o que é e como vai impactar o mercado de trabalho?

Considerado o "próximo capítulo da internet", a "internet 3D", o metaverso é um universo virtual que replica situações do mundo real em um ambiente conectado onde as pessoas vão interagir entre si por avatares digitais. Esse mundo tem origem em diversas tecnologias, como realidade virtual (RV), realidade aumentada (RA), blockchain,[2] criptomoedas e NFTs.[3]

Ao entrar no metaverso, com óculos RV, por exemplo, o usuário estará diante de um "mundo virtualizado" com inúmeras aplicações.

---

[2] **Blockchain**: tecnologia que agrupa dados de negociações em bitcoins e outros ativos digitais, facilitando o processo de registro e rastreamento.

[3] **NFT**: é a sigla para non-fungible token – token não fungível é um tipo especial de token criptográfico que representa algo único, ou seja, garante a autenticidade de algo. De modo diferente das criptomoedas, como o bitcoin e de vários outros tokens utilitários, os NFTs não são mutuamente intercambiáveis.

Nele, será capaz de fazer quase tudo que se possa imaginar, como comprar um tênis para seu avatar, levá-lo a um show dentro de um jogo de videogame, ou ir "presencialmente" a uma reunião da sua empresa, em um ambiente corporativo virtual. Também será possível reunir-se com amigos, família, trabalhar, estudar, brincar e fazer compras, entre muitas outras ações.

Os termos RA e RV quase sempre são utilizados como se fossem uma coisa só, porém são tecnologias diferentes. A realidade aumentada aproxima o mundo real do virtual, acrescentando informações digitais à realidade. Já a realidade virtual cria um "mundo" totalmente novo e digitalizado, onde o usuário é representado por um personagem/avatar. Temos alguns exemplos de aplicação:

APLICAÇÕES DE REALIDADE VIRTUAL (RV)

- Pilotos de aviões e cirurgiões podem treinar em protótipos digitais, simular guerras e cirurgias em ambientes 3D antes de executarem suas funções no mundo real.

- Trabalhadores podem testar ferramentas digitais e réplicas de equipamentos reais antes de as utilizarem no chão de fábrica; assim, treinam e aprendem.

- Museus e galerias de arte podem oferecer visitas virtuais e experiências imersivas para auxiliar no entendimento das obras e do contexto cultural à época.

APLICAÇÕES DE REALIDADE AUMENTADA (RA)

- Transmissões de jogos esportivos traçam linhas nos campos para analisar jogadas, com auxílio de RA.

- Sistemas de navegação avançada utilizam RA para sobrepor rotas digitais sobre a visão real da rodovia.

- O varejo de móveis e utensílios domésticos utiliza apps de RA para que pessoas visualizem como ficarão os móveis em casa antes de adquiri-los.

- Linhas de montagem de veículos utilizam RA para destacar e sobrepor componentes, reduzindo falhas humanas e aumentando a produtividade.

Grandes empresas já estão investindo nessa nova realidade. Em 2021, o Facebook mudou seu nome para Meta como meio de confirmar seu foco nesse mercado. A Microsoft é outra gigante que também mira nos universos virtuais, assim como diversas empresas que também acompanham esse movimento e já estão investindo grande capital para criar suas soluções dentro desse novo "mundo". Uma coisa é fato, essa tecnologia trará diversas oportunidades para o mercado e terá capacidade de transformar a experiência e o comportamento do consumidor. Isso impacta diretamente o modelo de negócio das empresas e os modelos de atuação e gestão.

Como profissionais, o que temos a fazer nesse momento é monitorar esses movimentos, estudar, avaliar os possíveis impactos dessa tecnologia nas nossas áreas de atuação e no mercado de trabalho para nos antecipar às demandas que esse novo mundo exigirá.

Sociedade 5.0

Termo que vem sendo amplamente utilizado no mercado e que também ilustra esse novo contexto tecnológico. Sociedade 5.0 se refere a uma nova organização social em que o desenvolvimento tecnológico está **centrado no ser humano** e na busca por soluções de fato valiosas para melhorar a qualidade de vida das pessoas.

Criado em 2016 no Japão, grande polo de tecnologias disruptivas, nesse conceito há **convergência entre o espaço virtual e o físico**, com recursos cada vez mais integrados à nossa vida.

A sociedade 5.0 utiliza **tecnologias criadas pela indústria 4.0** para agir a favor das pessoas (big data, robôs autônomos, simulação, IoT, impressão 3D etc.). A conversão de todas essas inovações tem o intuito de dar mais qualidade de vida aos seres humanos.

Até chegar a esse ponto, a humanidade já terá passado por outras formas de organização social, como:

- Sociedade 1.0, centrada na **caça**.

- Sociedade 2.0, com foco na **agricultura** e cultura de animais.

- Sociedade 3.0, baseada na **indústria**, com a primeira Revolução Industrial.

- Sociedade 4.0, cuja essência é a **informação**, com o surgimento da internet e das possibilidades de globalização.

No contexto da sociedade 5.0, portanto, isso significa desenvolver tecnologias para, de fato, melhorar a qualidade de vida do ser humano.

Como a inovação vem impactando o mercado de trabalho

Existe uma diferença fundamental entre criatividade e inovação. Enquanto a primeira é uma habilidade, a segunda é um método que pode ser estudado, desenvolvido e aplicado. Daqui para a frente, cada vez mais, não bastará apenas ter boas ideias, é preciso que haja aplicabilidade. É disso que se trata a gestão de processos de inovação, e não podemos romantizar essa ideia: ela só é válida quando no fim das contas é possível emitir uma nota fiscal, ou seja, o objetivo do empregador é sempre converter essas iniciativas em lucro ou redução de custos.

Qualquer jovem profissional precisa entender que esse fluxo não é pontual, existe uma jornada, um caminho a ser percorrido entre uma ótima ideia e um produto final inovador, viável operacional e financeiramente.

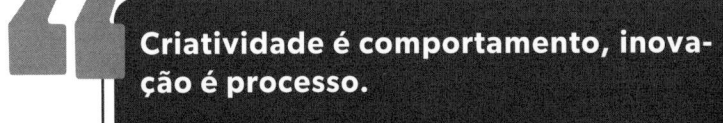

Criatividade é comportamento, inovação é processo.

Alexandre Reis,
diretor executivo e especialista em gestão

Uma tendência no cenário de governança corporativa que vem sendo amplamente aplicada é a gestão da inovação com foco em inovação aberta. Segundo o criador do conceito, um professor de Harvard chamado Chesbrough, inovação aberta é o uso de fluxos de conhecimento internos e externos para acelerar a inovação interna e expandir os mercados para o uso externo de inovação.

Nesse formato, situações problema dentro das empresas são traduzidas como projetos e busca-se outra empresa ou profissional de fora para desenvolver a solução. Esse caminho também pode passar por órgãos públicos, ongs, fornecedores, e até mesmo pelo público em geral, na forma de consulta a consumidores não profissionais, o que aumenta consideravelmente a possibilidade de aprovação desses artigos e serviços. Ao promover o intercâmbio de culturas e conhecimento, essa abordagem mais disruptiva e descentralizada cria conexões que incentivam a diversidade com a utilização de times mistos, em que peças se complementam. Ou seja, são inúmeras as possibilidades de cocriação e desenvolvimento de produtos ou serviços e, assim, de novas posições e até mesmo novos mercados de trabalho, ainda mais via startups.

Para implementar essas práticas, as empresas têm diferentes ferramentas, como suporte para pesquisas em universidades, crowdsourcing (colaboração coletiva) e hackathons. O uso dessas aplicações não tem mais volta e será cada vez mais comum envolver parcerias de fora na solução de qualquer obstáculo. Até a Nasa já utiliza essa estratégia na busca de resultados com menor tempo e custo nas execuções.

Em uma inovação fechada, as corporações esbarram nos altos custos de manter uma equipe especializada, além da elevada demanda de projetos de que um quadro enxuto precisa dar conta. Mas, nessa nova divisão de trabalho, é possível diminuir o tempo de desenvolvimento de produtos, o que se tornou um grande desafio em razão de ciclos de vida mais curtos e maior concorrência. É normal, inclusive, utilizar um formato híbrido, que faça uso de inovação aberta, em uma fase mais embrionária dos projetos, deixando os ajustes finais para um time interno.

Com origem na junção das palavras "hack" e "marathon", os hackathons são maratonas de programação e funcionam não somente na busca de soluções para problemas específicos mas também como eficiente ferramenta na seleção de candidatos. Nele, profissionais de tecnologia, como programadores, desenvolvedores de softwares, engenheiros e designers, se reúnem com outros profissionais ou estudantes da área para, em um curto período, expor seu talento e, em conjunto, chegar a soluções inovadoras ou até mesmo propor um projeto de melhoria para qualquer processo.

Como jovem profissional da área de tecnologia, vale a pena estar preparado para participar de um hackathon não só pela premiação, que costuma ser em dinheiro ou aparelhos eletrônicos, mas principalmente pelos certificados e experiência obtida. Eles duram de um a sete dias nos quais os participantes ficam imersos, muitas vezes virando noites e passando horas a fio na frente de computadores. E por se tratar da busca de soluções em conjunto, é preciso ter em mente que, além do talento, da criatividade e capacidade de produzir sob pressão, aqui conta o trabalho em grupo. De nada adianta ser genial se não conseguir trabalhar em equipe, mais até se seu alvo em determinada maratona for a contratação.

Além de startups, grandes empresas brasileiras ou multinacionais têm optado pela prática para instigar seus funcionários a pensar em novas formas de negócios e processos. Instituições de ensino também são ambientes férteis para esses encontros, que podem ser online ou presenciais e internos – ou seja, apenas com funcionários de determinada empresa – ou abertos para qualquer interessado na premiação ou no certificado. Existem, inclusive, plataformas que funcionam como redes sociais e conectam empresas, centros de pesquisa e colaboradores. Hubs de inovação e aceleradoras retroalimentam esse ecossistema de startups, criando um cenário propício e de constante crescimento para essas parcerias.

CASES DE INOVAÇÃO ABERTA

- No Facebook, a cada seis ou oito semanas, equipes passam a noite em busca de inovações, e foi em um desses hackathons no início da rede social que surgiu a ideia do botão "curtir". Agora essa prática já faz parte da cultura de inovação da empresa e funciona não só com os objetivos já descritos como para integrar equipes e gerar network.

- Foi em um Uber hack, maratona da gigante de transporte, que uma das equipes identificou que 34% do engarrafamento das grandes cidades se dava pela busca de vagas. Essa informação beneficiou tanto a empresa quanto todo o mercado de tráfego e transporte.

- Outro grande case a ser citado é o da Fiat, que há mais de uma década criou uma plataforma colaborativa que, por meio de crowdsourcing, possibilitou a clientes opinarem sobre o desenvolvimento de um carro-conceito.

Você, jovem profissional, deve estar atento a esse movimento, pois a tendência do mercado na busca de soluções em inovação aberta aumenta também a demanda de vagas dentro de startups. Estas, além de serem um ambiente com cultura diferenciada, mais jovem, flexível e dinâmico, podem representar uma oportunidade real para quem está em início de carreira. E você, está por dentro das startups mais relevantes dentro da sua área de atuação?

Eu, por exemplo, saí de uma estrutura de multinacional para uma startup. E muita gente me pergunta: "Mari, qual você acha melhor?" Falo que não existe uma resposta correta para isso, depende muito do seu perfil, do momento e do contexto em que você está disposto a trabalhar. Para mim, foi muito gratificante passar por esses dois ecossistemas. Sem juízo de valor, vou compartilhar a seguir alguns prós e contras de cada uma para ajudar você a tirar as próprias conclusões.

- Processos e rotinas: mais robustas e bem definidas nas multinacionais. Startups, no entanto, oferecem maior flexibilidade de como e onde trabalhar, com 100% do foco nas metas e nos resultados.

- Plano de carreira: startups costumam ter planos menos estruturados, mas que, por outro lado, possibilitam maiores chances de ascensão rápida.

- Hierarquia: estruturas maiores tendem a distanciar o corpo de funcionários de seus diretores e CEOs. Essa interface com a diretoria se dá de forma mais orgânica nas startups.

- Processos: quanto maior a natureza da corporação, mais etapas envolvidas e, consequentemente, maior burocracia para dar andamento aos projetos e atividades.

- Abertura para inovação: ambientes menores e mais despojados tendem a ser mais receptivos a novas ideias e suas implementações.

- Programas de treinamento: multinacionais e empresas mais estruturadas destinam maior verba para treinamento e desenvolvimento do seu quadro de funcionários. Muitas delas passaram a implementar gerências exclusivas para o assunto, já as startups estimulam o aprender "colocando a mão na massa".

Impactos da pandemia no mercado

A pandemia acelerou vários processos que já vinham acontecendo há alguns anos. Foi um catalisador de diversas dessas tendências citadas e trouxe uma reorganização social que veio para ficar.

A adoção do trabalho remoto, por exemplo, não tem mais volta, mas ainda precisa de ajustes para uma "versão final".

O home office já era uma prática durante a Idade Média, bem antes da industrialização e do crescimento das cidades. O normal era cada um trabalhar de sua casa, então note que a ideia de trabalho remoto é bem diferente dessa de home office. O que é realmente novo é o fato de poder produzir em qualquer horário e não só de casa, mas de qualquer lugar do planeta. Isso é que está afetando demais as estruturas de equipe (expansão da terceirização), conceitos como educação a distância (microlearning), intercâmbio de talentos, gestão de riscos e uma infinidade de outros quesitos.

Houve uma revisão de crenças e valores, desde um consumo mais consciente à sustentabilidade, o que impacta diretamente a governança corporativa. Todas as empresas, seja qual for seu tamanho, precisaram se readequar para continuar fazendo sentido na preferência dos consumidores. Hoje, o público precisa de um porquê para se relacionar com as marcas. Isso, mais do que nunca, é um processo pensado e, ao reorganizar seu modelo de negócios, dá origem a uma avalanche de ações. É preciso repensar seu tipo de gestão, depois as formas de atuação, métricas e métodos de interpretar esses indicadores, ou seja, diante dessa nova relação, ressignificar se tornou uma palavra imperativa, tanto como característica de colaboradores, gestores quanto como na essência das corporações. É preciso quebrar velhos paradigmas.

Há a tendência de sair do processo de governança de um comando matricial para uma gestão por projeto, e isso significa que empresas estão mudando suas relações de trabalho muito como resultado desse novo modelo. Entre as novas formas de contratação, podemos citar a admissão via startups, microempreendedores, freelancers com trabalho remoto ou projetos temporários, mas o que todos têm em comum é a especialização. Daí a importância de se ressignificar. Para se inserir, qualquer profissional, independentemente da idade, precisa se reavaliar e mostrar à empresa o porquê de tê-lo em seus quadros.

Diante dos novos moldes de admissão nas organizações, outra palavra-chave que precisa ser absorvida entre empregadores e colaboradores é repactuação. Trata-se das novas políticas de contratação, retenção e desenvolvimento das pessoas nas empresas, a fim de atender a esse novo contexto, no qual a lei ocupa um espaço cada vez menor e relações baseadas na confiança e cooperação ganham mais ênfase.

Segundo Paulo Sardinha, presidente da Associação Brasileira de Recursos Humanos (ABRH), o Brasil é amplamente conhecido por sua legislação trabalhista, mas esses avanços nos direitos dos trabalhadores foram pertinentes no momento em que o país precisava se industrializar, durante o governo de Getulio Vargas. Isso regulamentou as relações de trabalho e foi benéfico tanto para trabalhadores quanto para criar uma segurança jurídica no trato dessas questões do ponto de vista dos empregadores. No momento atual, a tendência é haver mais acordos e negociações, que serão atualizados primeiro pela sociedade, amparados na ética, qualidade e confiança, e só em um segundo momento regulamentados por uma nova legislação específica. Mas Sardinha reforça ainda que as relações como conhecemos não vão desaparecer de uma hora para outra, a propensão é que surja um ambiente mais plural, com mais possibilidades de pactos, como o microempreendedorismo, uma forma de relação bastante recente.

Outro assunto bastante avaliado pelo mercado é o que chamamos de ESG, ou em português ASG (Ambiental, Social e Governança). Esses são novos critérios considerados além das já tradicionais métricas econômico-financeiras, possibilitando uma avaliação mais macro, que considera a empresa no que se refere à sua imagem e na hora de receber investimentos externos. Essa mudança de parâmetros está reforçando que as empresas tenham novas posturas em relação às tradicionais e possibilitando que a sociedade faça cobranças em prol da construção de um mundo melhor. Seguem algumas dessas condutas e dos pontos de atenção que se tornaram imprescindíveis.

Fatores ambientais: uso de recursos naturais, emissões de gases de efeito estufa (CO_2 e gás metano), eficiência energética, poluição, gestão de resíduos e efluentes.

Fatores sociais: políticas e relações de trabalho, inclusão, diversidade, engajamento dos funcionários, treinamento da força de trabalho, direitos humanos, relações com comunidades, privacidade e proteção de dados.

Fatores de governança: independência do conselho, política de remuneração da alta administração, diversidade na composição do conselho de administração, estrutura dos comitês de auditoria e fiscal, ética, compliance e transparência.

Com o uso massivo das redes sociais, reforçado pela pandemia, está cada vez mais fácil apontar quais empresas realmente estão colocando em prática essas novas normas.

Ver as empresas de forma holística tem um grande impacto quando escolhemos onde gastar nosso dinheiro, onde queremos trabalhar e o quanto essa empresa vale no mercado financeiro. Isso vai ainda mais longe, já que nos últimos anos pudemos ver dirigentes de grandes corporações, como Siemens, CBF ou Microsoft, sendo afastados e punidos por condutas antiéticas, seja por corrupção, seja por assédio no ambiente de trabalho ou mesmo por alguma fala imprópria.

É possível escrever um livro inteiro sobre as novas orientações do mercado, mas, como nosso assunto é mais abrangente, resolvi citar apenas mais uma dessas novidades. Você já ouviu falar em "wirearquia"? Esse neologismo é a junção de "wire", que significa fio condutor, com a palavra hierarquia. A estrutura organizacional vertical, como conhecemos, vem perdendo cada vez mais espaço ante a ideia de descentralização de poder, especialmente pela falta de convívio físico pós-pandemia. Mais uma vez, as lideranças não serão extintas, elas apenas se apresentarão com maior fluidez, com modelos mais colaborativos e lideranças transitórias por projetos. As empresas estão investindo de maneira pesada em capital humano, soluções em cibersegurança, cloud computing e desburocratização. E os colaboradores, por sua vez, precisam ressignificar ideias como cooperação, empatia, autogestão, inteligência coletiva, ética e espírito de servir.

Com essa enxurrada de mudanças, nosso país vem enfrentando também um crescente déficit de profissionais capacitados. Impulsionado pela pandemia, um setor em franco crescimento é a tecnologia da informação; na falta de especialistas, grandes empresas têm optado por dar formação ao próprio quadro, o que significa uma enorme redução de custos, uma vez que esses profissionais capacitados são mais caros e muito disputados. Além disso, é mais fácil ensinar a parte técnica a alguém que já conhece a cultura da empresa e tem a vivência do negócio do que o contrário.

Mas, pelo prisma do colaborador, isso também pode significar um novo plano de carreira, constante evolução de conhecimento e ganhos financeiros. Segundo a Associação das Empresas de Tecnologia da Informação e Comunicação (TIC) e de Tecnologias Digitais (Brasscon), o Brasil forma cerca de 45 mil profissionais na área contra 70 mil vagas que são abertas anualmente. Em um cenário de desemprego recorde, isso comprova a teoria de vários estudiosos: não é que falte vaga, o que falta é gente qualificada. E, diante dessa escassez, os salários ofertados sempre estarão acima da média.

Uma parcela considerável do investimento em tecnologia das grandes empresas é destinada à capacitação interna, seja por meio de cursos, seja por meio de treinamentos e até na criação de universidades corporativas. Outra prática comum nos dias atuais é a implementação de gerências de inovação, que tratam especificamente da capacitação tecnológica; uma espécie de *retrofit* do RH, que possibilita a profissionais de diferentes áreas, como suprimentos ou comunicação, atuarem como cientistas de dados, por exemplo.

CURIOSIDADES

- Até 2025 as horas de trabalho realizadas por máquinas e pessoas serão iguais.

- O trabalho remoto cresceu 83% no ano de 2020 e a digitalização do negócio, 84%.

- Mais de 1 bilhão de empregos, quase 1/3 das vagas em todo o mundo, serão transformados pela tecnologia na próxima década.[4]

A única convicção que temos é a de estar em constante mudança, vivemos em um mundo de incertezas e novas categorias de emprego surgirão em detrimento de outras. Mas qual é o futuro do trabalho? Como preparar a carreira para as oportunidades? As pessoas terão mais liberdade para escolher a profissão por múltiplos ciclos de carreira. Aquele "peso" do que você fará por toda a vida está sendo substituído pela sensação de que estamos sempre crescendo e evoluindo.

---

[4] Fonte: *Relatório Future of Jobs*, 2020 - Fórum Econômico Mundial.

Como é que eu posso contribuir para sua carreira esta semana? Manda aí! 💬

Qual é o diferencial em um candidato mais procurado pelas contratantes atualmente?

Alguns pontos do perfil dos profissionais mais procurados atualmente...

- Fluência digital, profissionais que estão acompanhando as tendências de transformação digital

- Profissionais que têm um modelo mental voltado para a melhoria de processos

- Perfis flexíveis, adaptáveis com mente aberta e não resistentes

- Perfis analíticos que sabem transformar DADOS em INFORMAÇÃO de qualidade

- Profissionais com visão sistêmica, entendem de mercado e tendências

capítulo 2

O PROFISSIONAL DO FUTURO, QUEM É?

Muitos de vocês que estão lendo este livro, assim como eu, pertencem à geração Z, ou seja, nascidos após a segunda metade da década de 1990. E o que isso tem a ver com o assunto? É importante pontuar que nossa tribo tem uma forma muito específica de pensar e aprender. Na maioria dos casos, somos pragmáticos, autodidatas, responsáveis, livres de rótulos e comunicativos, jovens autênticos e espontâneos, que expõem suas intimidades e fragilidades sem medo, não há separação entre vida real e virtual. No âmbito profissional, isso muitas vezes é traduzido como maior fluência digital, muita agilidade, proatividade e perfil multitarefas; ao otimizar esses afazeres, geramos impacto direto na produtividade e, consequentemente, no tamanho das equipes.

A compreensão tecnológica é extremamente apurada, pois não tivemos de nos acostumar a nenhuma mudança brusca, uma geração que já nasceu inserida no contexto digital. Os nativos digitais são mais adaptáveis a diferentes plataformas, aplicativos, comunicação por vídeo e conectividade com o mundo. Mas também corre o risco de serem impacientes e desanimarem com rotinas atreladas à burocracia. Segundo a executiva de RH Renata Nahon, a potência dessa geração é se adaptar com facilidade a novas tecnologias e gestão de indicadores, por isso conseguimos fazer uma leitura rápida e estratégica dos cenários, mesmo sem ter uma bagagem técnica muito aprofundada. Para ela, a *learning agility*, capacidade de aprender com a experiência e logo desenvolver habilidades criativas para empregar em situações inéditas e complexas, faz com que esses novos profissionais se adaptem tão bem ao ambiente de startups e ao empreendedorismo.

> **Não adianta saber, é preciso saber fazer acontecer.**

Antes, o mercado priorizava basicamente as *hard skills*, também conhecidas como habilidades técnicas, ou seja, o que importava era o saber, o nível de conhecimento dos candidatos. Elas continuam sendo superimportantes, mas esse meio de avaliação dos candidatos vem mudando ao longo do tempo e, nos dias de hoje, não são mais o único diferencial ou fator decisivo. Também se valoriza a habilidade comportamental desse futuro colaborador. E o que é isso? As *soft skills* são a capacidade de transformar conhecimento em ação, estão ligadas ao seu comportamento, ao saber lidar com as emoções, ser proativo, ter iniciativa e até mesmo se adaptar rapidamente às mudanças. Acho muito importante todos os profissionais terem ciência de suas forças e fraquezas, técnicas e comportamentais, pois são aptidões que hoje pesam tanto quanto a formação na hora de uma seleção; por isso, nós, recrutadores, temos de avaliar esses dois lados no processo seletivo, conforme a seguinte imagem:

HARD SKILLS

Habilidades profissionais que podem ser mensuradas de alguma forma. Por isso, são facilmente identificáveis.

Podem ser aprendidas e ensinadas por meio de cursos, treinamentos, workshops etc.

Exemplos: graduação, língua estrangeira, habilidades com informática.

SOFT SKILLS

Trata-se de habilidades sociocomportamentais ligadas diretamente às aptidões mentais de um candidato e à capacidade de lidar positivamente com fatores emocionais.

São mais difíceis de mensurar, pois envolvem mais que um curso ou certificado.

Exemplos: relacionamento interpessoal, proatividade, resiliência.

Quando se fala em futuro do mercado de trabalho e profissional, o Fórum Econômico Mundial é uma das fontes mais seguras nos dias de hoje; segundo seu último relatório, essa é a lista das habilidades em alta para 2025. Acompanhar esses documentos é um bom termômetro para avaliar se você está indo na mesma direção do mercado.

Habilidades em alta até 2025	
1. Pensamento analítico e inovação	9. Resiliência, tolerância ao estresse e flexibilidade
2. Aprendizagem ativa e estratégias de aprendizado	10. Raciocínio lógico
3. Resolução de problemas	11. Inteligência emocional
4. Pensamento crítico	12. Experiência do usuário
5. Criatividade	13. Ser orientado a servir o cliente (foco no cliente)
6. Liderança	14. Análise e avaliação de sistemas
7. Uso, monitoramento e controle de tecnologias	15. Persuasão e negociação
8. Programação	

Fonte: Fórum Econômico Mundial.

Em vista da minha atuação como recrutadora e do contato diário com diversas empresas e executivos no âmbito global, desenvolvo a seguir algumas dessas principais habilidades, tanto técnicas quanto comportamentais, que o mercado está demandando, independentemente da sua área de atuação e do nível hierárquico. Se você já está trabalhando, observe se esses atributos fazem parte do seu dia a dia, pois é provável que esteja sendo avaliado e cobrado por essas competências. Caso esteja buscando um primeiro emprego ou recolocação, é muito importante que você os traga para seu discurso, como ferramentas de apresentação, e já aposte no desenvolvimento dessas habilidades.

Comportamentos do profissional do futuro

Flexibilidade, adaptabilidade e não resistência

Uma das poucas certezas que temos é a de que tudo muda o tempo todo e os ciclos estão cada vez mais curtos. Hoje compramos um celular que amanhã já estará com tecnologia "ultrapassada", todas as empresas estão em constante mudança. E por esse motivo, mais do que nunca, o mercado precisa de colaboradores que tenham flexibilidade para se adaptar aos novos contextos que serão impostos. Então, se você cuida de uma rotina e trabalha com determinado software, em uma reestruturação, esteja preparado para aprender novas tarefas, dominar diferentes ferramentas e demonstrar toda a sua parceria e o #tamojunto com a empresa.

Se essa está entre as suas habilidades, manifeste nos processos seletivos e conte um case no qual foi preciso se adaptar rapidamente. O profissional de destaque daqui para a frente é aquele que está acompanhando muito de perto o que está acontecendo e as tendências tanto do mercado quanto da sua área, para, assim, se antecipar e se qualificar. É preciso ser flexível para essa adaptação.

Certa vez, atuei como headhunter de uma grande empresa na Espanha para uma vaga muito estratégica e difícil de ser fechada. Nenhum candidato se encaixava. Após muito tempo e esforço, quando ela foi preenchida, recebi o feedback do CEO.

Depois de rejeitarem vários candidatos maravilhosos, imaginei que procuravam alguém extremamente técnico. Eu já não sabia mais o que esperar e, quando veio o retorno, sabe qual foi? "Esse foi o único candidato que se mostrou flexível do início ao final do processo." Simples assim. O escopo do trabalho mudou no meio do caminho e ele a todo momento demonstrava o #tamojunto, expunha que não sabia determinado assunto, mas que pesquisaria, estudaria e logo se adaptaria.

> **Cuidado para não apenas se ADAPTAR à mudança, mas também ser um profissional que PROVOCA a mudança. Não se coloque em uma posição de ficar só na "defensiva"; tenha flexibilidade para se adaptar, mas também se atente para assumir o PROTAGONISMO e provocar essas transformações.**

Então, começo falando dessa, que para mim é a habilidade mais importante.

Daqui para a frente, meus amigos, não vai ter espaço no mercado para quem não se flexibilizar, se adaptar e estiver aberto para fazer isso, e rápido.

Algumas formas de demonstrar esse comportamento no trabalho:

- Esteja a par das novas tendências de transformação digital que afetam seu contexto.

- Demonstre predisposição para aprender novas coisas.

- Antecipe-se a fim de se qualificar para as novas tecnologias.

- Busque conhecer outros pontos de vista antes da tomada de decisões.

Perfil colaborativo e espírito de servir

O espírito de servir e colaborativo está sendo muito valorizado pelo mercado, e isso significa olhar para o próximo com a preocupação de ajudá-lo. Hoje, temos um mercado muito focado no cliente externo; é possível observar um crescimento nas demandas e até nos cargos em UX/UI (experiência do usuário), jornada do cliente, costumer experience, cliente no centro, mas também não podemos esquecer o nosso "cliente interno", aquele que trabalha ou vai trabalhar com você. Sempre tenha esse olhar atento para as pessoas da sua equipe e demais áreas, preocupe-se em entregar o seu melhor para elas, ajudando e contribuindo para que o trabalho seja feito com excelência. Não fique tentando achar erros e "culpar" o amigo, colabore.

O mercado está buscando cada vez mais equipes multidisciplinares e a aplicação de metodologias ágeis, o que provoca a colaboração e o compartilhamento de informação entre diferentes áreas e temáticas.

Algumas formas de demonstrar esse comportamento no trabalho:

- Compartilhe o seu conhecimento.

- Tenha um olhar atento ao próximo.

- Ofereça ajuda ao perceber que seu parceiro está sobrecarregado.

Resiliente e antifrágil

Você já deve ter ouvido muito essas palavras por aí, certo? Mas poucas pessoas sabem que o termo resiliência veio da física e, originalmente, se referia à capacidade de um material voltar ao seu estado "normal" ou original depois de ter sofrido alguma deformação elástica. Ser resiliente significa conseguir voltar ao prumo apesar das tensões, da pressão e das dificuldades que você enfrenta tanto em nível pessoal quanto profissional. A diferença é que nesse caso a "tensão" é emocional e o estado que precisa voltar ao "normal" é o mental, não o físico. Administrar suas emoções, controlar os impulsos e manter-se otimista são características dos resilientes.

No âmbito corporativo, resiliência seria algo do tipo receber estímulos negativos – como pressão por bater metas ou concorrência – e não se abalar, sair igual dessas situações. Uma pessoa resiliente tem grande capacidade de lidar com fracassos e continuar lutando com a mesma energia de quando começou; afinal, o sucesso é uma grande maratona, exige disciplina e perseverança. Poucas pessoas têm capacidade de suportar fracasso atrás de fracasso até alcançar a vitória.

Na vida adulta nós sofremos pressão por resultado, por capacidade de liderar e desenvolver pessoas, otimizar recursos, reduzir custos, sem contar os afazeres de casa, o trânsito, a falta de tempo, enfim, resiliência é administrar tudo isso sem perder o foco.

E qual é a importância da resiliência no ambiente de trabalho? É para que você consiga se manter produtivo mesmo nos momentos mais caóticos, como ao se recuperar rapidamente de uma discussão ou da perda de um cliente. Receber um não como resposta pode ser a força de que precisamos para não desanimar e continuar prospectando. Ou seja, por mais que as situações sejam adversas, você consegue ter o equilíbrio necessário para seguir e continuar trabalhando para entregar o que tem de ser entregue.

O autor libanês Nassim Nicholas Taleb, no seu livro *Antifrágil: coisas que se beneficiam com o caos*,[5] publicado em 2012, defende o princípio de que, ao ser submetido à pressão de algum agente externo, o frágil tende a se quebrar, se prejudicar; já seu oposto visa se aperfeiçoar diante da situação inesperada. Ele não volta a ser como era, mas se utiliza do caos para crescer pessoal e profissionalmente; esse momento difícil é mesmo uma oportunidade de conhecer suas vulnerabilidades e trabalhá-las. Ao considerar a existência de fatores externos e aleatórios, e tratá-los com naturalidade, o antifrágil será o único a se beneficiar dessa situação de estresse, enquanto é provável que todos estejam focando na prevenção de riscos e antecipação de crises.

---

[5] TALEB, Nassim N. *Antifrágil: coisas que se beneficiam com o caos*. Rio de Janeiro: Editora Objetiva, 2012. 616 p.

Segundo o diretor-executivo Alexandre Reis, um dos pioneiros a tratar desse assunto no Brasil e que desde 2008 ministra palestras sobre resiliência, às quais já compareceram mais de 7 mil pessoas, o tema está tão em voga porque ambos os conceitos normalmente aparecem após tragédias, caos ou em momentos de grandes mudanças. E a pandemia de covid reuniu ambas as situações. Diminuir ciclos, catalisar processos, acirrar a competitividade, tudo isso tem como resultado a elevação do estresse e, em consequência, a necessidade de demonstrarmos essa força e superação tanto no âmbito profissional quanto pessoal. O profissional resiliente tem seu modelo mental sempre focado na ação e podemos compará-lo a um verbo. ANTECIPAR, REAGIR, INTERAGIR e RESSIGNIFICAR são práticas recorrentes nesse tipo de colaborador. E isso acaba por gerar profissionais positivos, assertivos, com protagonismo e baixo nível de ansiedade. Mais do que se adaptar, é preciso fazer a gestão da mudança, aprender com os erros e ter foco no resultado.

Para ele, um conceito não vai de encontro ao outro, muito pelo contrário, eles se complementam. Com criatividade e escuta ativa, é possível seguir em frente e se fortalecer não só apesar dos erros, mas justamente por causa deles; a ideia é ir corrigindo pequenos erros dia a dia para que eles não cresçam e se tornem grandes demais no futuro.

Algumas formas de você demonstrar esse comportamento no trabalho:

- Invista no seu autoconhecimento: reconhecer as suas emoções é o primeiro passo para administrá-las e alocá-las na hora e intensidade certas.

- Confie e tenha segurança em você mesmo. Mas jamais se sinta confortável ou confiante demais nos momentos em que tudo vai bem.

- Enxergue mudanças e críticas com positividade. Peça feedback e absorva a experiência de terceiros.

- Esteja aberto a novas oportunidades.

- Reduza os níveis de estresse: busque apoio no que gosta, como livros, conteúdo da web, esportes, atividades físicas em geral, games, família, amigos ou o que preferir!

Escuta ativa

Apesar de o nome dar ênfase principalmente à ação de escutar, não se trata apenas do ato de ouvir calado mas, sim, de demonstrar interesse pelo assunto e evitar qualquer tipo de julgamento sobre o emissor. Escuta ativa pressupõe um interesse genuíno para entender a realidade do outro, é uma prática que investiga com curiosidade o que o próximo está tentando expressar, com perguntas e checagem da compreensão das mensagens.

Portanto, podemos dizer também que há o sentimento de compaixão na escuta ativa. Não é preciso concordar com tudo o que é dito, basta entender que, por trás dessas ideias divergentes, há uma pessoa com a intenção de compartilhar esses pensamentos. É preciso considerar seus pontos de vista e, acima de tudo, respeitar as opiniões de maneira cuidadosa.

QUAL É A IMPORTÂNCIA DA ESCUTA ATIVA?

O mercado hoje não busca mais apenas quem tem a resposta certa, pois isso muitas vezes resolvemos facilmente com um celular nas mãos. Nos grandes centros, poucas pessoas sofrem com a falta de informação; o diferencial é saber fazer o questionamento correto, pois não conseguimos achar essas boas perguntas prontas em nenhum lugar, é preciso ter estratégia e escuta apurada para elaborá-las.

Pode parecer um detalhe, mas essa habilidade ajuda muito em todo tipo de relacionamento, seja ele de cunho pessoal, seja profissional, pois mostra que o outro está sendo valorizado, além de provar que somos pessoas flexíveis no que diz respeito a acolher ideias e opiniões divergentes das nossas.

Então, podemos dizer que a escuta ativa ajuda a criar bons relacionamentos, minimizar conflitos, desenvolver a empatia e despertar a consciência de que as pessoas precisam ouvir e ajudar uns aos outros nos mais diversos momentos da vida.

Um dos melhores livros que já li e, a meu ver, leitura indispensável é o *Como fazer amigos e influenciar pessoas*,[6] de Dale Carnegie. Dele, extraí esse ensinamento que considero imprescindível e que retrata a importância de sabermos escutar atentamente:

> **Interessando-nos pelos outros conseguimos fazer mais amigos em dois meses do que em dois anos a tentar que eles se interessem por nós.**
>
> **Dale Carnegie**

Algumas formas de demonstrar esse comportamento no trabalho:

- Evite distrações no momento do diálogo.

- Não seja seletivo ao ouvir o que o outro tem a dizer.

- Não deixe suas perspectivas pessoais interferirem no processo de comunicação.

- Faça perguntas.

- Coloque-se no lugar do outro.

---

[6] CARNEGIE, Dale. *Como fazer amigos e influenciar pessoas*. Rio de Janeiro: Editora Sextante, 2019. 256 p.

Autogestão

A clássica estrutura de comando e controle predominante em ambientes de trabalho altamente verticalizados tem sido substituída por uma forma mais autônoma, que exige responsabilidade individual. Por isso é tão importante entender o conceito de autogestão.

São inúmeros benefícios ligados a essa prática; o aumento da satisfação dos funcionários, a melhoria da criatividade no ambiente de trabalho e a otimização das relações internas são alguns exemplos, entre vários outros. Empresas cada vez mais precisam de colaboradores autônomos, que tenham eficiência, senso de urgência e produzam sem um comando presente.

E, no cenário atual, é preciso adquirir também aptidões que deem destaquem no trabalho remoto. Ter disciplina para organizar seu tempo e suas rotinas, comunicar-se bem, saber priorizar tarefas, ter senso de urgência e, principalmente, conseguir conciliar os afazeres pessoais e profissionais em qualquer que seja o ambiente. A separação entre seu "eu" pessoa física e jurídica está cada vez menos distante porque as empresas estão dentro das casas, elas são nossas novas hóspedes. Então, é imprescindível ter autoconhecimento para alternar essas posturas, mantendo a ética e sem perder sua essência e personalidade. Cada um desses "eus" se autorregula, mas para isso é preciso se conhecer, ter consciência das suas aptidões e dificuldades.

Há uma tendência de que cada vez mais empresas adotem um sistema semipresencial, fazendo rodízio entre seus funcionários, o que proporciona uma rotina diversificada, com a comodidade do trabalho remoto, mas sem detrimento das redes de contato. Para esse novo formato, iniciativa também é uma característica essencial, deve-se ter uma postura de maior protagonismo, sem depender de ninguém que faça demandas diárias, para que você consiga manter a produtividade.

A autogestão pessoal é, na verdade, um processo de aprendizado. É preciso descobrir como lidar com os desafios diários sem recorrer aos superiores imediatos ou à alta administração, isso não é fácil e exige bastante autonomia, responsabilidade e senso de prioridade.

Algumas formas de demonstrar esse comportamento no trabalho:

- Invista em comunicação interpessoal.
- Tenha clareza das suas responsabilidades.
- Compreenda a missão da empresa e como contribuir com ela.
- Lembre-se de que você faz parte de um time. Autogestão não é sinônimo de individualismo.
- Defina objetivos profissionais e metas de curto prazo.
- Monitore seus resultados e corrija suas falhas.
- Disponha-se ao aprendizado contínuo dentro e fora da empresa.

Vulnerabilidade para a inovação, estar aberto ao erro

Uma preocupação comum a todas as empresas e aos profissionais é a inovação, todos estão atentos a como acompanhar o ritmo das mudanças para se manter competitivos, e isso pode ser feito com uma solução inédita ou melhorando processos e metodologias já implementados.

Contudo, é impossível inovar sem estar disposto a se colocar em um lugar de vulnerabilidade. Propor uma ideia nova invariavelmente demanda passar por momentos de incerteza, risco, exposição, ansiedade e medo, e essas sensações não são agradáveis para ninguém. Mas, segundo a pesquisadora Brené Brown, da Universidade de Houston – que realiza consultoria para as maiores empresas de tecnologia do mundo como Facebook e Google –, o problema é quando evitamos as situações e relações porque elas provocarão esses sentimentos. É preciso ter coragem para arriscar e compartilhar suas ideias; o medo de errar faz com que não alcancemos o estado criativo no qual surgem novas soluções.

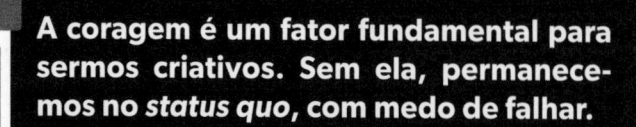

> **A coragem é um fator fundamental para sermos criativos. Sem ela, permanecemos no *status quo*, com medo de falhar.**
>
> Brené Brown

Em um estudo, no qual foram entrevistadas milhares de pessoas de diversas áreas, ela identificou três características comuns àqueles que se diziam mais satisfeitos com suas vidas pessoal e profissional: coragem, para ser imperfeito e tentar, mesmo com a possibilidade de errar; compaixão, consigo e com os outros; e conexão, ou seja, a capacidade de interagir com os demais com autenticidade.

Para ela, quando não se admite a própria vulnerabilidade, não se assume a própria voz; e aceitar sua fragilidade é acatar que ninguém é perfeito. Conhecer suas forças e fraquezas viabiliza aprender a ser "empático consigo mesmo"; quando entendemos nossa imperfeição, conseguimos transferir isso para o próximo. Sua conclusão é que a vulnerabilidade é algo necessário e parte natural da vida; se estiver diretamente relacionada à sua capacidade de inovar, considero uma das principais características do profissional do futuro.

Algumas formas de demonstrar esse comportamento no trabalho:

- Não tenha medo de falar a sua verdade, seja autêntico.

- Não se conforme com a rotina que lhe foi imposta, pense em maneiras diferentes de melhorá-la.

- Aceite que ninguém é perfeito, nem você.

- Tenha compaixão com o erro do próximo.

Perfil articulador

Ter perfil articulador é saber conectar pessoas em prol de um objetivo e integrar diferentes áreas e departamentos. O mercado precisa muito desse profissional que tem iniciativa e não espera a solução cair no colo; ele vai lá e faz, mas nunca age sozinho. Por intermédio da comunicação, consegue aliados na solução dos problemas. Isso ocorre em razão da sua capacidade de equilibrar pontos de vista conflitantes e compatibilizar interesses, agregando valor a todas as partes envolvidas.

Desde a época do estágio, eu sempre prezei muito pelo contato pessoal. Cada vez mais presente no nosso dia a dia, a tecnologia nos conecta ao mesmo tempo que nos afasta muito do convívio offline, mas nunca subestime o poder do olho no olho, ele pode nos aproximar em graus muito mais genuínos e elevados que uma extensa troca de mensagens. Essa interação é um dos motivos pelos quais não se deve abandonar completamente o sistema presencial. No modelo híbrido, é possível, diante de qualquer problema, levantar da cadeira e ir até outras áreas e outros departamentos. Converse, faça contatos e se interesse pelas pessoas, você notará os benefícios!

São esses aliados que podem facilitar seus projetos, ajudar em decisões difíceis e conectar você ainda mais a pessoas dispostas a abrir portas profissionalmente.

Algumas formas de demonstrar esse comportamento no trabalho:

- Conecte pessoas que têm o mesmo objetivo.

- Nunca subestime o poder do contato pessoal olho no olho.

- Demonstre interesse em conhecer pessoas e identifique meios de ajudá-las.

- Levante-se e vá resolver os problemas pessoalmente, seja proativo.

Perfil curador de informações e conhecimento

Nunca fomos tão bombardeados de informações como hoje em dia. Estima-se que, a cada minuto, cerca de 168 milhões de emails são enviados no mundo todo, 600 vídeos são postados no YouTube e 1.500 textos são publicados em blogs, segundo informações obtidas recentemente pela Go-Globe.com, empresa que presta consultoria para gigantes como Rolex e LG.

Diante dessa avalanche de dados, cada vez mais as pessoas vêm se transformando em acumuladores de informação, mas já não são capazes de desenvolver um pensamento crítico e mais aprofundado das coisas. Hoje se sobressai o profissional que consegue eleger o que, de fato, é mais relevante, assegurando-se da veracidade da fonte, hierarquizando e priorizando esses elementos, ou seja, não basta ser um receptor. Nas minhas consultorias, percebo muitos profissionais que tomam decisões erradas porque se basearam em dados falhos; assegurar-se da veracidade da fonte é extremamente importante antes de tomar qualquer decisão. Essa demanda fez surgir um novo cargo nos últimos anos, o de curador de informação, que é o responsável por preparar o clipping, um apanhado dessa seleção de notícias relevantes que visa informar e gerar conteúdo.

Precisamos saber filtrar o que nos é oferecido e de muita análise, entendendo o que realmente proporciona enriquecimento e o que não tem utilidade. Esse é um exercício diário, e a curto prazo você perceberá que a qualidade é mais importante que a quantidade.

Algumas formas de demonstrar esse comportamento no trabalho:

- Averigue as fontes das suas leituras.

- Inscreva-se para receber conteúdo de qualidade das principais fontes da sua área de atuação.

- Siga no LinkedIn empresas e influenciadores que você admira e nos quais confia.

- Tire algumas horas por semana para estudar e se atualizar sobre o mercado.

Perfil com inteligência emocional

Inteligência emocional pode ser definida como o uso da emoção certa, no momento e na intensidade certos, porém muitos nem ao menos conseguem reconhecer o que estão sentindo, quanto mais reagir de modo correto. Igualmente ao intelecto, é importante saber fazer a gestão das emoções. Ambos se complementam.

O psicólogo e PhD da Universidade de Harvard Daniel Goleman popularizou esse embate entre o que se entendia por inteligência, o Q.I. e a relação com as emoções. O conceito foi defendido em seu livro *Inteligência emocional*,[7] de 1995, e para ele esse seria o principal fator do sucesso, tanto pessoal quanto profissional. O estudo categoriza as etapas da inteligência emocional em cinco habilidades principais:

1. Autoconhecimento: reconhecer as próprias emoções e os sentimentos quando eles ocorrem; afinal, é impossível mudar algo que não se conhece.

2. Controle emocional: adequar os sentimentos a cada situação.

3. Automotivação: dirigir as emoções a serviço do equilíbrio.

4. Reconhecimento de emoções no próximo: identificar o que o outro está sentindo e ter empatia.

5. Habilidade em relacionamentos interpessoais: interação de qualidade com outros indivíduos por meio de competências sociais.

Ao conciliar os lados racional e emocional do cérebro, aumenta-se a probabilidade de construir relações saudáveis e a tomada de decisões conscientes, evitando atos impulsivos e o consequente arrependimento. Por esse motivo, é uma temática tão comentada e uma habilidade valiosa quando se trata de perfil de colaborador.

---

[7] GOLEMAN, Daniel. *Inteligência emocional*. Rio de Janeiro: Editora Objetiva, 1996. 384 p.

Um profissional inteligente emocionalmente consegue desempenhar sua função com mais facilidade, conhece suas reações e mantém o autocontrole, não se abatendo diante de determinadas situações.

Algumas formas de demonstrar esse comportamento no trabalho:

- Evite reagir negativamente durante conflitos.

- Conheça seus fatores de estresse. Quais são os seus gatilhos?

- Busque práticas alternativas para aliviar o estresse do dia a dia, exercícios físicos e meditação são alguns exemplos.

- Invista no seu autoconhecimento.

Agora que já discutimos um pouco sobre características comportamentais importantes para o profissional do futuro, chegou o momento de pensar nas aptidões técnicas. É claro que conhecer os métodos e especificidades da sua área de atuação deixará você até mais preparado para enfrentar a concorrência, mas seguem características mais gerais, independentemente de idade ou segmento, são aptidões mais ligadas à atualidade e às tendências diante do cenário atual.

Habilidades técnicas do profissional do futuro

Analítico cenarista

"Mariana, como faltam perfis analíticos!" Ouço isso com frequência e creio que essa seja uma das reclamações mais recorrentes dos gestores com os quais trabalho atualmente. Na minha concepção, essa habilidade é um desdobramento do perfil curador de que falamos há pouco, seria como a primeira fase desse processo.

O problema está em não saber transformar dados em informação de qualidade. Então, para início de conversa, é imprescindível compreender a diferença entre as duas definições.

DADO é conhecimento bruto, é a matéria-prima que, depois de tratada, pode virar INFORMAÇÃO. Só após essa análise é que o material pode trazer insights ou virar conhecimento relevante, capaz de reforçar o processo de tomada de decisões.

Por exemplo, qualquer um sabe que a resposta da operação 2+2 é igual a 4, esse resultado é o dado. O que se busca, entretanto, é quem saiba interpretá-lo e extrair seu significado em determinado contexto, isso é ter uma visão cenarista. É compreender os possíveis impactos daquele dado, sejam eles positivos, sejam neutros ou negativos, e como conectar esse resultado às tendências de mercado e aos cenários interno e externo.

Segundo a PwC, multinacional de consultoria e auditoria, uma pesquisa de 2019 realizada com mais de mil CEOs de noventa diferentes países revela que 84% dos entrevistados defendem que decisões baseadas em inteligência artificial precisam ser explicáveis para que sejam confiáveis. Essa mesma pesquisa indica ainda que mais da metade desses executivos aponta a capacidade de análise como uma dificuldade real na atualidade. Logo, se você tem medo de perder sua posição para os robôs, lembre-se de que essa é a sua maior vantagem competitiva, sobram vagas para quem tem boa habilidade analítica.[8]

Algumas formas de demonstrar esse comportamento no trabalho:

- Seja observador, verifique se tem algo na economia e na política que está influenciando aquele setor ou a indústria da sua área de atuação.

- Desenvolva o hábito de leitura, questione-se sempre e realize pesquisas.

- Faça perguntas quando algo não estiver claro para entender o contexto em que aquele dado está inserido.

- Entenda como a sua empresa ganha dinheiro, busque obter uma visão sistêmica de todas as áreas e suas atividades.

---

[8] Fonte: *22nd Anual Global CEO Survey*. Disponível em: https://www.pwc.com/gx/en/ceo-survey/2019/report/pwc-22nd-annual-global-ceo-survey.pdf. Acesso em: mar. 2023.

Fluência na linguagem digital

Há algumas décadas, o analógico vem perdendo espaço para o digital, e o entendimento dessas transformações que afetam tão profundamente nosso mundo é o que chamamos de fluência digital. Trata-se de compreender esses avanços, conhecer diversas ferramentas, seus usos e como podem afetar o cotidiano das organizações, nossas formas de interagir e consumir. Esse é um processo contínuo e que nunca vai terminar, uma vez que os recursos tecnológicos também não pararão mais de evoluir. Há cinquenta anos, quem acreditaria que a forma de ler um jornal pudesse sofrer tamanha alteração? Ou que seria possível fazer compras dentro de casa com apenas um clique?

Assim, ser fluente vai muito além de saber fazer uma chamada de vídeo ou editar um documento compartilhado. Também não se trata de saber programar, gameficar, automatizar ou utilizar linguagens de programação. De fato, todos esses temas estão em ascensão e demonstram que a sua interação digital está em dia, mas não é apenas sobre isso. É sobre seguir as tendências de transformação digital e não só se contentar em saber sobre ferramentas e softwares, mas também estar por dentro das startups e dos centros de pesquisa com soluções tecnológicas da sua área. Conhecer esses personagens vai ajudar a não ficar vendido em uma conversa, reunião ou entrevista. Do ponto de vista corporativo, fluência digital significa a chance de otimizar processos, aumentar a produtividade, facilitar o gerenciamento de tarefas e, ainda, automatizar as atividades do dia a dia, ou seja, explorar ao máximo as possibilidades da hiperconectividade.

E se é uma demanda do mercado, nós, a força de trabalho, precisamos nos adaptar. Um profissional fluente é aquele capaz de interpretar as demandas e, entre as ferramentas, utilizar a mais apropriada para o entrave. Diversos profissionais de RH elegem essa uma das capacidades mais valorizadas atualmente.

Não existe um nível padrão de fluência digital, ele vai variar perante a demanda do ambiente. Fato é que os níveis de adoção tecnológica estão aumentando rápido e todos precisamos buscar atualização e equilíbrio. A adoção do trabalho remoto é um excelente ponto de partida para o desenvolvimento da fluência digital. Pense nas suas rotinas e liste que soluções tecnológicas você mais utiliza e quais são as ferramentas usadas por outros membros do seu time. Você tem familiaridade com todas? Caso não tenha, estude maneiras eficientes de utilizá-las. Dividir suas fraquezas com gestores pode ser de grande valia, visto que, ao identificar essas dificuldades em outros membros ou times, eles podem promover treinamentos e reciclagens.

Você já pensou na camada numerosa da sociedade que fica fora da competição por não ter fluência digital? Isso significa não ter acesso a informações, soluções de negócios e oportunidades de carreira. Valorize essa vantagem.

Gestão de processos organizacionais

Capacidade muito valorizada independentemente da área de atuação, fundamental para a viabilidade dos empreendimentos, pois possibilita que se criem ou aprimorem rotinas e processos voltados tanto para o público interno quanto externo.

E por que isso é tão importante? Caso se retire o romantismo envolvido, qual é o maior objetivo das empresas? Aumentar o faturamento, a qualidade da entrega e diminuir as despesas. E um desdobramento disso é fazer mais e com uma equipe mais enxuta, ou seja, executar com maior qualidade e menor custo, o que só é possível com a melhoria de processos. Por isso é importante, seja lá onde você decidir iniciar sua carreira, já entrar nesse desafio com um pensamento crítico de melhoria contínua. Não se contente em apenas fazer ou cuidar de determinada rotina que lhe foi proposta, pense sempre em formas de aprimorar o que lhe foi apresentado. Pessoas com esse olhar crítico para melhoria dos processos têm grande valia para o mercado e costumam se destacar.

Não pense que, para propor qualquer aperfeiçoamento, você precisa de um megaprojeto ou uma ideia superinovadora; acreditar nisso é o erro de muita gente. Ele pode estar nas pequenas coisas; por exemplo, trocar um botão de lugar em uma planilha de controle vai diminuir o tempo de determinada ação e, como tempo é dinheiro, você estará cortando algum custo para a empresa. Pense nisso, sua iniciativa de propor pequenas melhorias pode ter um impacto muito positivo. Saiba que seus gestores estarão observando.

Esse é um ponto de atenção também para as entrevistas. Como recrutadora, sempre atento para se o candidato está trazendo esse olhar crítico para melhoria de processos e se ele cita algum exemplo em situações anteriores. Portanto, tragam isso para o discurso de vocês.

Lembro que, quando recrutava para um dos maiores grupos de moda do mundo, essa cultura de melhoria de processos era tão forte na empresa que eles nem sequer tinham interesse em candidatos que não mencionassem espontaneamente o assunto nas entrevistas. Não importava o quanto o candidato tinha potencial ou outras habilidades, meu briefing era muito explícito: "Só passa de fase quem, em algum momento da entrevista, der um exemplo claro e prático de melhoria de processo em alguma experiência anterior ou sugestão para a empresa."

Para vagas como comprador, designer gráfico ou de moda, era habitual perguntar o que eles estavam achando da coleção vigente. Enquanto muitos candidatos só elogiavam ou levantavam pontos fortes, outros citavam pontos negativos ou propunham melhorias relacionadas aos processos. Era justamente nesses que focávamos nossa atenção.

Recentemente, uma mentorada passou no processo seletivo de uma das startups mais promissoras no Brasil e esse fator foi fundamental. Toda a entrevista foi baseada em melhorias de processos e com uma forte análise de cases nos quais era necessário propor formas diferentes de realizar tarefas.

Gestão de projetos

Como visto aqui neste capítulo, o modelo de estrutura e gestão de mercado vem se transformando, passamos de uma gestão funcional para matricial, e hoje caminhamos para uma gestão por projeto. Podemos observar que as organizações estão cada vez mais voltadas ao gerenciamento de projetos como forma de concretizar suas metas de planejamento estratégico, e é cada vez mais comum vermos a criação desses grupos multidisciplinares com indivíduos das mais diferentes áreas.

A capacidade de estruturar esses projetos é uma habilidade muito demandada, com etapas que vão desde planejamento, execução, monitoramento e controle, a alinhamento de escopo, alocação de recursos materiais, financeiros e humanos. Enfim, as inúmeras variáveis que precisam ser levadas em conta para o gerenciamento eficaz desse ciclo.

De acordo com dados do Instituto de Gerenciamento de Projetos (Project Management Institute – PMI), atualmente 20% do produto interno bruto do mundo são investidos na execução dos mais distintos tipos de projetos. Isso significa que 12 trilhões de dólares de toda a riqueza mundial são gastos com o esforço de melhorar, criar ou construir algo por meio da gestão de projetos. Segundo eles, embora existam mais de 400 mil profissionais certificados no mundo, ainda assim faltam pessoas qualificadas.

Apesar de ser apaixonada pela área de RH, foi monitorando esse movimento de mercado que optei pela temática para me especializar com o Master em Gestão de Projetos que fiz em Barcelona. De fato, é uma das competências em maior ascensão e um conhecimento essencial para corresponder às demandas de um mercado em constante transformação. Caso você também se interesse pelo assunto, vale acompanhar de perto as oportunidades de investir em uma especialização, que tem aplicabilidade em qualquer área de atuação.

Gestão de riscos

O risco é efeito da incerteza, um desvio em relação ao curso e aos objetivos esperados, e acho que essa "incerteza" nunca foi tão presente quanto nesse período de pandemia pelo qual passamos. Por esse motivo, creio que a temática da gestão de risco esteja tão em alta, tendo virado uma das principais agendas do mundo corporativo. Em meu contato com o mercado, vejo o quanto empresas e recrutadores começaram a prestar mais atenção aos profissionais que apresentam esse olhar para mitigar o risco. Que não pensam apenas na solução, mas também em mapear o impacto dessas soluções, prevendo cenários e, acima de tudo, criando planos de ação caso as coisas não saiam como deveriam. Pode ser um acidente de trabalho, a perda de um funcionário-chave na sua cadeia de produção, um problema de logística, processo judicial, até entraves, como o envio de uma informação errada ou sigilosa. Já imaginou o que sentiram os executivos das empresas aéreas ao verem toda a sua frota parada nos aeroportos por causa da covid?

Quando pensamos nesse contexto é preciso considerar todos os fatores envolvidos, o impacto do "sim" e do "não", ou seja, qualificar e quantificar esse risco. É uma estratégia que envolve um trabalho preventivo, de se antecipar às situações não previstas, e o gerenciamento de crise, quando essas situações já ocorreram.

A habilidade tão valorizada é a do profissional que faz dessa prática parte da rotina da empresa; assim, é possível eliminar ou reduzir possíveis perdas financeiras, bem como potencializar o aproveitamento das oportunidades de ganhos e geração de valor para pessoas e organizações. E sabe o que eu percebi? Após a pandemia não tem ninguém mais tomando decisão como antes, nós revisitamos nossos valores, propósitos e formas de consumir. Nos tempos atuais, antes de alocar um recurso financeiro, fazer um investimento de tempo ou de energia, estamos pensando mais, "colocando na balança" e analisando melhor o que antes podia ser uma escolha impulsiva.

O mesmo acontece na pessoa jurídica, hoje as empresas têm sido mais conservadoras na hora de contratar ou alocar qualquer recurso. Tudo tem sido analisado com maior cautela, mapeando todos os impactos das decisões. E esse controle de riscos caminha de mãos dadas com a gestão de projetos de que falamos há pouco. Eles estão relacionados, pois com um planejamento bem feito você terá mapeado as principais ameaças, saberá identificar seus indícios e o que fazer para minimizar seus impactos. Além disso, terá mapeado também os riscos positivos, isto é, as oportunidades que podem gerar ganhos se bem aproveitadas.

Quando pensamos no macro, fica muito claro como todos esses assuntos estão interligados e compõem a atualidade.

Acabamos de relacionar os riscos com gestão de projetos, mas eles também estão intimamente ligados às políticas de ESG. Pense nos seus três pilares e veja como a gestão de risco está conectada: AMBIENTAL, aqui ameaças retratadas como desmatamento, manejo de dejetos poluentes e contaminações. No SOCIAL, podemos fazer alusão ao tratamento dado às pessoas, na prevenção de acidentes, nos cuidados com saúde mental e qualidade de vida dos seus colaboradores e ainda promovendo políticas de responsabilidade social para a sua região ou nichos relacionados às suas atividades. E por fim, relacionado à GOVERNANÇA, ou seja, ameaças relativas a como a empresa se organiza e a relação entre suas áreas e atividades. Políticas anticorrupção, ações dos setores de compliance ou ainda todos os esforços para se enquadrar na LGPD, lei que há pouco gerou mudanças profundas nas relações com usuários.

Por isso, reforço a importância de entender esse modelo mental e expressar o cuidado, independentemente da sua posição, área, empresa que faz parte ou pretende ingressar.

Seja um verbo ambulante! Hands on

Agora que falamos um pouco das habilidades técnicas e comportamentais, vale citar o perfil hands on, pois nesse profissional agrupamos várias dessas características citadas. Ser flexível, estar em constante aprendizado, ter iniciativa, estar atento aos processos, analisar as rotinas e propor melhorias. Ele descobre como fazer algo de forma mais ágil, eficiente ou barata para as empresas. E no seu vocabulário não existe "Isso não é da minha área" ou "Isso não faz parte da minha função." É a personificação da expressão "vestir a camisa".

Mas, cuidado! Quando esse traço é acentuado demais, corre-se o risco de centralizar as atividades. Ao tentar resolver tudo sozinho, além de comprometer a produtividade da equipe, há uma chance enorme de esse profissional desenvolver problemas como estresse e ansiedade. Se todo o processo estiver nas costas (e na mente) de uma única pessoa, o que acontece quando ela tirar férias ou ficar doente? Por isso, é preciso prestar atenção aos excessos, o profissional capacitado também precisa saber delegar. Sem contar que colaboradores se sentem valorizados e motivados quando recebem responsabilidades.

De nada adianta ter muito conhecimento e não colocar em prática. É necessário atitude para fazer acontecer, porém é o equilíbrio que nos leva mais longe. Como no paradoxo da autenticidade, até na hora de ser verdadeiro é preciso ter critério. Assim, você pode pensar na sinceridade como uma vitamina, sua falta vai causar alguns problemas e seu excesso, outros. Então, lembre-se: não posso deixar de ser eu, mas também não posso ficar tão à vontade a ponto de esquecer que existem regras de conduta em qualquer ambiente, especialmente no corporativo. É preciso ter flexibilidade comportamental, adaptar-se para lidar com as diferentes pessoas e circunstâncias.

Não subestime seus hobbies – Carreira de portfólio

Prática inusitada antigamente, ter múltiplas carreiras já é bastante comum nos dias de hoje. Também conhecidas como carreiras de portfólio, elas são uma forma real de descentralizar e ampliar as possibilidades de ganhos financeiros em áreas que gerem satisfação pessoal, além, é claro, de possibilitar que o profissional esteja em constante aprendizado. Trabalhar com algo por que se tem paixão é um grande passo em direção à realização pessoal. Diante disso, muitos descobriram em seus hobbies novas saídas para a retração do mercado durante as crises e pandemia. Sofreu menos impacto quem tinha mais cartas na manga e conseguiu transformar atividades secundárias em primeira opção, ressignificando sua carreira.

Um exemplo foi a quantidade enorme de pessoas que começaram a se aventurar na cozinha para produzir pães e cerveja, tanto para consumo próprio quanto para comercializar. Houve um boom no setor de venda de utensílios, além da enorme oferta de produtos artesanais, que caiu de vez no gosto do grande público. Então, pense nos seus hobbies, no que lhe dá prazer, daí pode surgir uma ideia para diversificar e aumentar a sua renda.

Do ponto de vista de mercado, esse costume reforça a empregabilidade e proporciona que se desenvolvam habilidades muito valorizadas, como adaptabilidade, resiliência e agilidade diante das mudanças. Mas, para cultivar mais de uma maneira de ganhar a vida, é necessário que se tenha aptidão para criar relacionamentos, gostar de desenvolver diferentes projetos ao mesmo tempo, além, é claro, de ser tolerante ao risco.

É fundamental ter a preocupação de dirigir a própria carreira, mesmo que o caminho escolhido tenha sido o setor público, a iniciativa privada ou mesmo o empreendedorismo. Em qualquer uma dessas opções não há mais espaço para aquele que simplesmente executa, para seguir um procedimento repetitivo já existem as máquinas. O profissional mais apreciado pelo mercado será aquele que tem persistência e mentalidade empreendedora. Essa vontade que nos faz continuar após receber um não, aliada à formação teórica são os diferenciais que máquina alguma consegue alcançar, é uma atitude inerente aos seres humanos.

O intraempreendedorismo se tornou uma característica vital nos profissionais de qualquer empresa. Mesmo não sendo dono do negócio, essa vontade de construir, propor melhorias e agregar com novas ideias faz com que o profissional se destaque e exerça papel-chave na manutenção da vantagem competitiva e na melhoria de processos. Ou seja, uma postura proativa, antecipando-se aos problemas e fazendo a gestão de riscos, é uma relação ganha-ganha tanto para o colaborador quanto para as empresas.

Quem é o profissional do futuro para mim?

Se eu pudesse resumir em poucas linhas, para mim o profissional do futuro é aquele que está acompanhando de perto as tendências e transformação digital da sua área de atuação, e que está tendo FLEXIBILIDADE para se ADAPTAR ao novo com maior AGILIDADE.

Ele não só se ADAPTA às mudanças, mas também as PROVOCA.

Não tem jeito, todas as vidas e carreiras serão impactadas pela tecnologia e, como as mudanças ocorrerão cada vez com maior rapidez, com ciclos mais curtos, sairá na frente quem estiver sempre se ANTECIPANDO. Só haverá espaço para aqueles em constante requalificação e olhando para "fora", atentos ao contexto externo. RESSIGNIFICAR é o nosso verbo daqui para a frente.

O que você me perguntaria se tivesse uma mentoria de carreira comigo?

Quais são as competências comportamental e técnica mais importantes para um profissional?

Eu responderia de forma mais assertiva de acordo com cada área de atuação, mas vou falar aqui algumas que considero transversais para todas as carreiras.

- Flexibilidade, adaptabilidade
- Autogestão
- Inteligência emocional
- Empatia
- Fluência digital
- Gestão de projetos
- Gestão de riscos
- Perfil analítico cenarista
- Olhar crítico para melhoria de processos

capítulo 3

O QUE VOCÊ PODE COMEÇAR A FAZER HOJE PELA SUA CARREIRA?

Sim, você não leu errado, estou falando do dia de hoje mesmo. Nessa parte, abordaremos pilares de carreira que vocês podem começar a observar e colocar em prática hoje, com a leitura deste livro, independentemente da sua idade e de onde você esteja na sua jornada, seja ensino médio, seja graduação ou mesmo para quem já passou dessas etapas. Até agora já citamos como a relação homem-trabalho vem mudando ao longo dos anos o contexto do mercado global, o profissional do futuro, tudo com o objetivo de dar uma visão macro do panorama em que estamos inseridos. Sempre defendo que um profissional completo é aquele que entende do mercado e dessas alterações que ocorrem ao longo do tempo.

Mas, antes de tudo, preciso fazer algumas provocações; vamos olhar para você, pois quando falamos sobre futuro profissional vejo muita gente se perguntando:

> **"Qual profissão devo escolher, que carreira quero ter?"** Sim, são questionamentos extremamente válidos, mas vejo poucas pessoas se questionando sobre **"Qual é o tipo de vida que quero ter?"** **"Qual é o meu projeto de vida?"** **"O que é negociável e o que não é?"**

Convido você a parar nesse instante e pensar sobre isso. Esses questionamentos são essenciais antes de qualquer coisa e precisam vir junto da opção de carreira, pois só conhecendo tais respostas você será capaz de fazer escolhas mais assertivas. Outro questionamento muito importante é:

O que é sucesso para você?

Cuidado! Se não definir o que é sucesso, você pode ter e não o reconhecer. E o preço que pagará é viver a vida inteira em eterna insatisfação, pois buscará algo que jamais alcançará. É impossível atingir algo que você mesmo desconhece.

Vejo muita importância nesse entendimento, principalmente no contexto atual em que vivemos, com tantos ruídos e grande influência da mídia social, que gera uma comparação exagerada com a vida alheia. Entender e definir para você mesmo o que o realiza é muito importante para não passar uma vida inteira pautada em sonhos e objetivos que são de todo o mundo, menos seus.

Muitas pessoas tratam a palavra sucesso de forma generalizada, sem, de fato, observar e considerar sua motivação intrínseca. É importante ter consciência de que a definição de sucesso é muito relativa. Vencer para uns pode significar acumular dinheiro; para outros, pode estar relacionado à qualidade de vida ou a conseguir conciliar o profissional com família. Alguns prezam pela liberdade, querem trabalhar de qualquer lugar do mundo, "sem fronteiras"; outros valorizam mais a segurança e estabilidade oferecidas pelos concursos públicos. O que é importante para você? Essa análise o deixará cada vez mais perto de se sentir bem-sucedido.

Mas lembre-se de que essa escolha pode ser mutável, seus objetivos vão se atualizando; o que nunca pode mudar é a necessidade de estar sempre preparado e consciente delas. Só a oportunidade não trará sucesso, é preciso uma conjugação entre essas chances e sua vontade pessoal.

O fator humano é igualmente importante ao ambiente, senão não veríamos inúmeros casos de pessoas nascidas em famílias bem posicionadas, mas que não conseguiram aproveitar esses recursos, ou vice-versa.

E se você está pensando: "Nossa, são perguntas tão óbvias." De fato, são perguntas muito simples, mas há quanto tempo você não para a fim de refletir sobre isso? Essa é a base de tudo. Para quem ainda não tem a menor noção de nenhuma dessas respostas, eu tenho uma boa notícia: está tudo bem se você não as tem. TUDO CERTO! Acalme o seu coração, pois não saber faz parte do processo, ainda mais nesse início de carreira. Quando comecei, há oito anos, eu também tinha muito mais dúvidas do que certezas. A grande questão está no que vou dizer agora: Mesmo não tendo as respostas, o quão comprometido você está em achá-las? Se não está preocupado com essa busca, aí, sim, existe um problema. E sabe o porquê?

> **Para quem não sabe para onde vai, qualquer caminho serve.**
>
> Lewis Carroll

Essa frase do Lewis Carroll, em *Alice no País das Maravilhas*, ilustra bem a situação. Em um diálogo com o gato, a protagonista, diante de uma bifurcação, pergunta qual caminho deveria pegar. E ele questiona: "Mas para onde você quer ir?" Ao ver que Alice não sabe a resposta, ele diz que qualquer caminho serve.

Eu também acredito que faça parte do processo pegar caminhos errados, tentar diferentes saídas, conhecer áreas diversas. Às vezes isso pode ser interpretado como "perda de tempo", mas ajudará você a entender o que não quer, do que não gosta; assim, é possível eliminar opções e chegar mais perto do que, de fato, faz sentido para você. Eu, por exemplo, me arrisquei na área comercial no início da carreira. Na época todo mundo falava: "Nossa, é a sua cara, você vai amar!" E como achava que tinha algumas coisas em comum, eu fui. Não gostei e hoje vejo a importância de ter passado por lá, tirar essa dúvida serviu para ter certeza do lugar que eu queria estar, que é o RH.

Entenda uma coisa, existe uma grande diferença entre a realidade de trabalho que você cria na sua mente e o que é na prática. Muitas vezes romantizamos o dia a dia de determinada área e imaginamos que tudo é maravilhoso. Mas é só na prática, trabalhando, que você consegue entender se aquilo faz sentido ou não, por isso é importante ter atitude e tentar. O único lugar onde não se aprende nada é parado.

> **Não existe paraíso para quem não sabe do que gosta.**
>
> Arthur Bender, especialista em personal branding

A grande questão é, uma vez que identifique que está descontente com o rumo das coisas, **não se acomode!** Já busque opções para sair desse contexto. O foco precisa estar na busca. Se você não encontrou as respostas é porque não se questionou o suficiente. Por isso, considero esse o primeiro e um dos mais importantes pilares de carreira: o autoconhecimento.

Invista no seu autoconhecimento

Hoje em dia se fala muito sobre a importância de descobrir seu propósito. Cada um tem seu processo individual, mas acredito em uma única direção, a do autoconhecimento. Eu encontrei o meu depois de investir muito nele. E, analisando esse caminho, vejo que tive de responder a uma série de questões. Pensar nelas também pode levar você a insights preciosos. Mas, em vez de fazer isso mentalmente, experimente escrever, assim conseguirá ter uma visão mais abrangente nessa definição tão importante.

Perguntas que podem ajudar você a definir seu propósito:

1. O que você faz bem?

2. As pessoas o reconhecem por quais atributos?

3. O que faz outras pessoas serem gratas a você?

4. Como você gosta de ajudar o próximo?

5. De que modo você normalmente ajuda os outros?

6. O que faz você feliz, o que o motiva?

7. Qual é a sua grande paixão?

Buscar se conhecer é a base de tudo, quem não se conhece pega mais caminhos errados, erra seu posicionamento e adia a chegada ao objetivo, ou nem sabe qual é este. Saber aonde você quer chegar é o marco zero da questão, tudo se inicia aí.

Veja como é interessante a visão do autor Keith Harrell sobre objetivos:

> Percorrer a vida sem nenhum objetivo é como tentar chegar a um endereço desconhecido, em uma cidade desconhecida, sem ter nenhum tipo de orientação ou mapa rodoviário. Você talvez acabe chegando aonde quer, mas o mais provável é que tenha de se contentar com um lugar apenas aceitável. Se quiser evitar ser mandado de um lugar para o outro, precisará estabelecer prioridades e isso só será possível por meio de objetivos.
>
> Keith Harrell

Então, não tenha pressa. Invista no autoconhecimento, ele é um processo longo, individual e não ocorre de uma hora para outra, mas é o investimento mais importante que você vai fazer pela sua vida pessoal e profissional. Ele o ajuda a conhecer melhor a origem de seus hábitos, motivações e medos para lidar com os desafios da vida e criar metas conectadas à sua essência.

Quando falamos em mercado, um dos tópicos que temos de abordar com maestria é saber nos apresentar e contar nossa história de forma atrativa, convincente e estratégica. Quando você vende bem seus atributos e pontos fortes, o entrevistador não tem tempo de olhar para suas fraquezas.

Dois grandes problemas que impedem os profissionais de se venderem bem:

1. **Falta de autoconhecimento:** se eu pedisse nesse instante, sem gaguejar, para listar suas cinco principais forças e fraquezas, divididas entre técnicas e comportamentais, você saberia me dizer? A maioria não sabe, e se você também ainda não tem essa resposta, no final deste capítulo tem um exercício que vai ajudar. Saber essa resposta é o primeiro passo para se vender bem. É impossível refletir um atributo que você mesmo desacredita ou desconhece.

2. **Comprar para você mesmo quem você é:** depois do passo anterior, de identificar as suas forças e fraquezas, é preciso acreditar que você é isso. Parece um absurdo, né? Mas é verdade. Em analogia à venda de um produto: seria fácil vender algo em que não acredita ou que não compraria? A gente até pode conseguir, mas vender bem, com brilho no olhar, só quando a gente acredita de fato. Pois bem, traga esse cenário para sua vida pessoal. Já comprou para você mesmo quem você é? Esse é o primeiro passo para convencer o próximo. Em entrevista com muitos candidatos, é possível ver claramente que eles mesmos não estão seguros ou não acreditam no próprio discurso, então não me convencem desses atributos.

Uma vez que você identifique suas forças, tenha em mente o seguinte:

> **NUNCA pare de investir na sua força, seu diferencial está aí.**

Na sua fraqueza você precisa ser bom, na sua força você precisa ser excelente. Sai na frente quem aprende a fortalecer suas qualidades e administrar as imperfeições, pois a diferença e vantagem competitiva estão no que você naturalmente faz de melhor, e não no que precisa melhorar. Então, por exemplo, se é forte em comunicação, as pessoas reconhecem você por esse atributo? Nunca deixe de fazer cursos de oratória, leia livros, pratique, peça feedbacks de como pode melhorar ainda mais, essa habilidade tem de estar sempre no topo da sua lista de investimento e desenvolvimento. **Não se acomode na sua fortaleza**. Já vi muitos profissionais que eram excelentes em algo deixarem de ser da noite para o dia porque se acomodaram. E outros que se preocuparam, de fato, com a melhoria contínua e manutenção da força, e ocuparam esses lugares de referência.

> **Quem tem um porquê enfrenta qualquer como.**

A grande questão é: de onde está vindo o seu "PORQUÊ"? De dentro de você ou de fora? Vem da sua essência, do seu propósito ou da boca dos seus amigos, da família ou dos que estão ao seu redor? Hoje vivemos em um boom de informação e opiniões, tem muita gente falando sobre tudo, e isso gera muito ruído, é muito fácil se perder nesse cenário. O ato de se conhecer é também saber escutar mais a SUA voz interior e se apropriar dela. Escutar a si próprio é silenciar a mente. Ao fazer isso, com o tempo você vai encontrar o seu PORQUÊ e aí, sim, fará escolhas baseadas na sua essência.

> **Não romantize esse processo.**

Autoconhecimento requer investimento de tempo, energia e dedicação. Ao contrário do que muita gente pensa, não basta ler livros de autoajuda. É uma decisão, uma meta que você precisa querer e levar a sério. Vamos combinar que não é nada agradável ficar cara a cara com suas fraquezas, limitações, inseguranças, medos e ansiedades. Deparar-se com essas questões íntimas, que às vezes estão esquecidas, nunca é legal. Mas só entrando em contato com elas você consegue identificar e entender a origem dos seus padrões e comportamentos. E, então, é possível trabalhar para transformá-los, não dá para mudar algo que se desconhece.

Esse processo é longo e nunca acaba. Acredito que a grande maioria das pessoas que são de fato realizadas com a carreira investiu e MUITO nisso.

Como posso investir no autoconhecimento?

Como já comentei, trata-se de um processo extremamente individual. Não podemos comparar nosso caminho com o do outro. Então, vou compartilhar aqui algumas formas que ajudaram na minha caminhada:

- **OBSERVE-SE O TEMPO TODO**

  O autoconhecimento exige autoavaliação. Portanto, é muito importante observar-se e questionar-se o tempo todo. Esteja sempre atento a si mesmo e dê nome aos seus sentimentos. O que o deixa feliz e forte, o que o enfraquece? O que o motiva? Perceber essas pequenas coisas ajuda a fazer com que influências externas não o afetem tanto, uma vez que você se torna capaz de tomar decisões mais conscientes.

- **PSICOTERAPIAS**

  Muitos ainda associam a ida ao psicólogo a um sinal de fraqueza. Contudo, a psicologia carrega um arsenal de ferramentas e técnicas extremamente ricas que podem ajudar você a entender com mais clareza certos padrões de comportamento e, assim, contribuir para alterá-los e fazer uma melhor gestão das suas emoções.

• LEITURAS E GRUPOS DE ESTUDO

Há inúmeros livros que facilitam a abertura desse universo interno. Isso foi muito importante com relação a meu despertar para o autoconhecimento, pois fiz leituras que me provocaram a refletir e chegar a conclusões. Conversar com pessoas inspiradoras também pode ser ótimo para obter dicas variadas, inclusive de que leituras priorizar.

• ENTREGUE-SE A NOVAS EXPERIÊNCIAS

Qual foi a última vez que você fez uma coisa pela primeira vez? Estar aberto à novidade é essencial para aprender. Viajar sozinho, por que não? Experimente sair da zona de conforto e promova o desenvolvimento do autoconhecimento. Ao lidar com algo novo, você vai entender do que gosta ou não e, ainda, como lidar com as mudanças.

• BOTE TUDO NO PAPEL: ESCREVA

Sempre que tiver uma ideia, um novo pensamento ou questionamento, anote. Escrever exercita sua criatividade e organiza os pensamentos, ajudando você a se conectar com o seu subconsciente e a trazer à tona, então, respostas que estavam escondidas ou esquecidas.

Vale ter um diário, um app de anotações ou mesmo um blog na internet. Expressar-se por palavras é uma atividade empoderadora.

• TIRE UM TEMPO PARA SI

Coloque-se como uma de suas prioridades, tire um tempo para você! Faça algo que ama sem uma finalidade financeira. Faça esportes, ioga, meditação, saia do mundo online e seja mais presente nas suas relações, assista a palestras e faça pequenos cursos.

• EXERCÍCIO

Essa é uma atividade muito simples e para a qual você só precisa de um papel, uma caneta e uns minutos do seu tempo. Meus clientes de mentoria e curso gostam muito e já alcançaram ótimos resultados, topa fazer?

Uma das mais conhecidas ferramentas de planejamento estratégico é a análise SWOT ou, em português, FOFA. Forças (strenghts), Oportunidades (opportunities), Fraquezas (weaknesses) e Ameaças (threats). Esse método pode ser usado tanto para negócios quanto para o desenvolvimento pessoal. Nesse caso, vamos usá-lo para ajudar você a entender um pouco mais do seu eu profissional e pessoal.

	POSITIVO	NEGATIVO
INTERNO	**FORÇAS** (Strenghts) — O que você faz bem? Defina uma lista de suas habilidades. Que recursos especiais você tem e pode aproveitar? Cursos, idiomas e habilidades específicas da sua personalidade. O que as outras pessoas acham que você faz bem? Pergunte aos amigos e parentes o que eles acham das suas habilidades e peça que eles pontuem.	**FRAQUEZAS** (Weaknesses) — No que você pode melhorar? Qual é seu ponto fraco? Falta curso, sua autoestima está baixa? Reflita e anote. Onde você tem menos recursos que os outros? Pontue suas dificuldades, sejam ou não financeiras. O que outros acham que são suas fraquezas? Pergunte aos amigos e parentes e anote.
EXTERNO	**OPORTUNIDADES** (Opportunities) — Quais são as oportunidades externas que você pode identificar? Pode ser um novo emprego na sua cidade ou no exterior, entre outras. Que tendências e "modas" você pode aproveitar em seu favor? Relacione as tendências com suas habilidades e encontre um meio termo para se adaptar à oportunidade, após, claro, uma análise profunda sobre o assunto.	**AMEAÇAS** (Threats) — Como seus concorrentes podem prejudicar você? O que eles têm que você ainda não conseguiu? Pós-graduação, inglês, vestuário, boa dicção, boa escrita etc. Anote tudo. O que seu concorrente anda fazendo? Como eles estão se atualizando diante de um mercado cada vez mais concorrido? Analise, copie coisas boas e adapte ao seu gosto. Busque alternativas para ganhar mercado.

Basta responder às perguntas e completar os quadrantes. E como já falamos antes, na contratação, o mercado avalia não só o seu "saber" mas também o seu "saber fazer acontecer". Portanto, recomendo que, dentro de forças e fraquezas, subdivida o quadrante em duas colunas e classifique-as entre técnicas e comportamentais. Assim, você terá uma visão ainda mais clara do que pode ser trabalhado, além da facilidade de levar isso para o seu discurso nas entrevistas. Mas, atenção, não é necessário seguir à risca essa sugestão de perguntas. Basta deixar fluir, então coloque no papel seus atributos, sem juízo de valor. Não há necessidade de elaborar demais essas respostas.

Caso se sinta confortável, peça para as pessoas conhecidas listarem alguns atributos das suas forças e fraquezas. Ouvir a percepção dos outros sobre você também poderá trazer boas reflexões.

Depois de listar cada um desses quatro itens, basta cruzá-los. E depois de analisar os quesitos aos pares, será possível identificar itens-chave para estabelecer seus focos e prioridades. Uma análise bem executada possibilita reconhecer suas forças para alavancar possibilidades e se defender de ameaças.

O exercício serve para mapear seu eu profissional nesse momento e ajudar a entender quem é você no mercado hoje. O que precisa melhorar? O que seus concorrentes têm e você não? Quando colocamos esses pensamentos no papel conseguimos chegar a certas conclusões; dessa forma, fica mais fácil montar um plano de ação em prol do seu objetivo.

Analisar suas conquistas traz aprendizado, mas um projeto malsucedido também pode gerar ótimos frutos. Outro exercício é estudar seus erros em diferentes situações. O que poderia ter sido feito de diferente? Qual é a lição aprendida?

DEPOIMENTO: "A DIFERENÇA QUE A ANÁLISE SWOT FEZ NA MINHA CARREIRA."

> O ponto crucial da minha mentoria, sem sombra de dúvida, foi a análise SWOT. Por já ter alguns anos de experiência, imaginei que aproveitaria muito mais as dicas de LinkedIn, currículo e posicionamento em entrevistas. Na realidade, todas foram muito importantes e trabalharam juntas, mas me surpreendi em como essa ferramenta abriu minha visão. Achava que o autoconhecimento era mais importante para quem estava começando ou fazendo uma transição de carreiras.
>
> Mas foi fazendo esse exercício que vi a importância de focar nos pontos fortes e não nos meus passivos. Identifiquei características positivas às quais nunca havia dado muita importância e consegui mapear melhor meu momento e os objetivos a longo prazo. Por exemplo, entendi exatamente em qual área gostaria de atuar. Com certeza, isso colaborou para a minha transição de carreira e me trouxe de volta à área técnica, pela qual sou apaixonada e acredito que seja onde mais posso contribuir.
>
> Fernanda Ignacio, mentorada e engenheira geotécnica

MARCA PESSOAL

O que é e por que é tão importante para a sua carreira?

Para explicar marca pessoal, eu sempre gosto de fazer essa dinâmica: pensa aí na sua marca favorita. Pensou? Beleza! Que atributos vêm à sua mente? Por exemplo, quando eu penso na Nike me remete à ideia de esporte, atletas, corrida, saúde, conforto e bem-estar. Agora transporte isso para a sua imagem, o mesmo acontece.

Quando as pessoas pensam em você, elas tendem a visualizar esse conjunto de atributos e as lembranças que inspira. Segundo Waleska Farias, especialista em gestão estratégica de marca pessoal, cada um de nós também é uma marca. Os profissionais que souberem se posicionar dessa forma terão maior destaque e ganharão vantagem competitiva em suas áreas de atuação. Mas marca pessoal não é obra do acaso, requer autoria. Ou você conduz a sua narrativa ou é conduzido por ela. Qual é a sua decisão? Profissional sem marca pessoal definida se torna apenas um título qualquer.

Acredito que você deva estar se perguntando o que a opinião alheia tem a ver com a minha carreira. Tudo! Durante nossa trajetória, as oportunidades batem à nossa porta de acordo com essa lógica; se lembrarem de você da maneira correta a tendência é que seja atingido por mais oportunidades conectadas aos seus ideais.

> **Mas posso controlar totalmente o que as pessoas estão pensando de mim? Isso é possível?**

A resposta é não, nós não temos como simplesmente virar e falar: "Eu quero que todo mundo me ache simpática, inteligente ou especialista em determinado assunto" e garantir que isso vá acontecer. Mas o que quero é chamar a sua atenção para o fato de ser possível direcionar seu discurso, posicionamento, suas ações e compartilhar conteúdo da sua área de atuação para que as pessoas se recordem de você do modo como pretende ser lembrado. Isso é responsabilidade sua, algo que pode começar a fazer HOJE. Faz parte do seu crescimento se conhecer e demonstrar esse posicionamento por meio das suas atitudes e comunicação. Como o mercado vai identificar seus atributos, potenciais, metas e intenções se você não comunica isso claramente?

> **Quem não é visto não é lembrado.**

Você já deve ter lido essa frase, né? Eu concordo com ela em parte, porque melhor do que ser lembrado é ser lembrado da maneira correta. Esse é um questionamento que me faço diariamente: como eu estou sendo lembrada? É importante sempre medir essa temperatura, as pessoas acionam você para tratar de quais assuntos? Se a resposta é sim, por temas que são seu objetivo e paixão, ótimo! Isso quer dizer que você está na direção certa, mas se percebeu que não está sendo lembrado como gostaria, então calma aí, é um sinal para repensar o que pode mudar no seu posicionamento e como deve comunicá-lo.

Em analogia, pode-se dizer que sua marca pessoal está no seu DNA, é a essência que faz você ser quem é. Pode-se dizer também que é a reunião dos seus talentos, princípios, valores e conhecimentos que estão disponíveis internamente, basta que você consiga acessar essas informações para usá-las de forma consciente.

Gosto muito da expressão: "Marca pessoal você não cria, desenterra." Ela representa bem a ideia de que todo esse "material" já é seu, está tudo aí dentro de você.

Um erro recorrente que vejo são pessoas tentando formar, inventar uma marca pessoal do dia para a noite. Isso não se sustenta. Não tem como, de uma hora para outra, se autointitular carismático ou persuasivo por exemplo, é preciso ser autêntico. Pense nos conceitos de reputação e legado, ambos não se criam, é preciso conquistar. Fingir ter uma qualidade pode ser uma péssima estratégia. Se você fizer isso, pode ter certeza, a sua casa vai cair já, já. Suas formas de agir e se posicionar precisam ser coerentes a fim de comunicar claramente como você quer ser lembrado para promover o valor da sua marca pessoal.

Hoje eu penso: "Ah, se eu tivesse prestado atenção nisso mais cedo." Essa mudança de chave e o fato de cuidar com maior atenção da gestão da minha marca pessoal literalmente mudaram a minha carreira para MUITO melhor.

A verdade é que eu sempre fui apaixonada pela área de RH e pela temática de carreira. Sabia que esse era meu foco, mas fiquei muito tempo sem me posicionar, logo ninguém se lembrava de mim assim. Uma vez que identifiquei meus ativos (forças e fraquezas), como gostava de atuar, como estava fazendo a diferença na vida das pessoas e pelo que gostaria de ser lembrada, comecei a compartilhar conteúdo DIRECIONADO e me apresentar profissionalmente de modo intencional. Comecei bem devagar a compartilhar dicas e orientações sobre carreira nas redes sociais, a ajudar amigos próximos em relação ao tema, até que fiz um Instagram e, conforme meus posts iam se propagando, tudo foi tomando uma proporção que jamais imaginei. Comecei a fazer palestras em escolas e faculdades, no início muitas vezes de graça. Mas por que eu fazia? Para trabalhar a minha marca pessoal. Enquanto um monte de gente tem o pensamento "de graça eu prefiro não fazer", eu via aquilo como uma enorme oportunidade de expor minhas ideias, de ganhar mais confiança para falar em público, de mostrar meu conteúdo para "potenciais contratantes" e chances de fazer networking. Com certeza, naquelas dezenas de alunos poderia ter um familiar que seria um possível contratante ou algum aluno poderia virar um contato profissional no futuro. E foi isso que aconteceu. Todo esse investimento valeu a pena. Eu me expor, ter a iniciativa de participar de eventos e me colocar à disposição fez com que milhares de pessoas começassem a me associar a esse tema.

Tipo: "Tenho um problema com a minha carreira? Quero me recolocar? Já sei, 'Mariana Reis!'" Isso aconteceu porque, de alguma forma, trabalhei para gerar essa confiança que aumentou a autoridade do meu nome em relação à temática, e o resultado dessa "lembrança" foi o crescimento das oportunidades que se conectaram comigo.

> **Confiança e reputação são duas coisas vitais para que possamos oferecer aos outros a possibilidade de nos escolherem.**
>
> Arthur Bender

Não estou aqui contando essa história para você ficar pensando, "Nossa que maravilha, parabéns!" Estou falando isso para afirmar que não fiz nada de extraordinário, apenas o que estou citando neste capítulo, e isso você pode fazer também, é uma decisão. Se você é jovem e está começando sua carreira agora, quanto antes se preocupar com o tema e mudar de atitude, mais rápido vai colher seus frutos.

POSICIONAMENTO PROFISSIONAL COMEÇA DENTRO DE CASA

Comecei também a me apresentar profissionalmente não só para o mercado mas também para meus amigos e familiares. E, com isso, ainda mais oportunidades surgiram. Não basta ser apaixonado por determinada temática, é preciso saber se posicionar perante todos. Certifique- -se de que essas pessoas mais próximas conhecem seu ramo de atuação, sabem explicar o que você faz, quais suas intenções de carreira e visão de futuro profissional. Pois uma vez que eles entendem e compram essa ideia, passam a ser embaixadores da sua marca e começam a "trabalhar", representando você, de graça, 24 horas por dia. Você vai perceber como isso reverbera, amplifica sua rede de relacionamentos e a quantidade de oportunidades que se conectam com você.

Nos meus atendimentos de mentoria, vejo muitas pessoas com a preocupação de se apresentar para o mercado profissional para "fora" e esquecem o seu ativo de relacionamento mais importante e mais próximo, como família e amigos. Por acaso, são eles que podem indicar ou conectar você a uma oportunidade. Quem pode aproximá-lo do emprego dos seus sonhos às vezes está dentro da sua casa, literalmente dormindo e acordando com você, e só não está contribuindo com a sua jornada porque não sabe da sua intenção. Portanto, compartilhe, comunique, apresente-se pessoal e profissionalmente.

Mas lembre-se de que posicionamento profissional se constrói com repetição. Não adianta emitir a informação uma única vez e não falar mais sobre o assunto, ou fazer isso esporadicamente, por exemplo, compartilhando um conteúdo a cada seis meses. Para criar autoridade sobre a temática, você precisa de constância na sua intenção, comunicação e alinhamento no posicionamento.

Para Waleska Farias, na gestão da sua marca, tudo o que você faz ou deixa de fazer importa, pois isso influencia a percepção das pessoas sobre a sua promessa de valor. Os profissionais que sabem se posicionar como marca têm maior destaque e vantagem competitiva nas suas áreas de atuação.

> **Mari, por que as pessoas não conseguem se recolocar?**

Essa é uma pergunta regular; para responder a ela, vou dar um exemplo: sabe quando uma marca resolve lançar um novo produto? Antes, ela faz um pesado estudo sobre o mercado, busca saber quais são as características do público-alvo, entende qual é a melhor forma de discurso e os canais para se comunicar com esse nicho, e faz uma profunda análise da concorrência. Ou seja, ela se prepara e traça uma estratégia completa para esse lançamento. Não basta simplesmente entregar algo nas lojas e dizer: "Oi, mercado, cheguei!" Se uma marca não faz esse trabalho prévio, o público não consegue entender para quem é destinado, para que serve, qual é a promessa única de valor daquilo e como aquele produto pode ajudar. Logo, ninguém compra. O mesmo acontece quando alguém busca um emprego ou uma recolocação. Vejo que a maioria das pessoas erra nesse ponto e já chega no mercado dizendo: "E aí, mercado, beleza? Cheguei!", sem que haja uma preparação. É preciso passar por todas essas etapas para que o seu "lançamento" seja bem-sucedido.

Muitos profissionais têm um posicionamento em um currículo, outro no LinkedIn, um terceiro em redes sociais e, durante a entrevista, se apresentam de modo diferente de todas as anteriores e, por fim, dentro de casa ou para amigos se apresentam de um quinto jeito. Se você aborda o mercado dessa maneira desalinhada, com cada ferramenta de apresentação demonstrando um posicionamento diferente, o mercado e o recrutador não conseguem compreender quem é você? Qual é a sua promessa única de valor? Como pode nos ajudar?

Não tem coisa mais confusa para um avaliador do que essa exposição caótica. É impossível entender onde alocar você. Por isso é tão importante conhecer seu posicionamento profissional e alinhá-lo com TODAS as suas ferramentas de apresentação antes de qualquer abordagem. Para o recrutador o mundo ideal é quando seu currículo chega na triagem e ele entende "de cara" seu posicionamento e sua intenção profissional. Depois, ele verifica seu LinkedIn e o que está lá reforça o que já constava no currículo; além disso, ele acha depoimentos de pessoas que já tiveram alguma experiência profissional ou acadêmica com você, o que aumenta sua credibilidade. Ao convidá-lo para uma entrevista, você tem uma narrativa que se encaixa perfeitamente e comunica o que ele já havia percebido da sua intenção nas duas demais ferramentas de apresentação. Logo, é possível entender claramente quem é você, como pode ajudar e qual é a sua intenção. Uma ferramenta de apresentação vai reforçando a outra, assim sua abordagem ganha mais força, credibilidade e fica cada vez mais convincente para que você consiga o cargo que almeja.

USE AS REDES SOCIAIS A FAVOR DA SUA CARREIRA

Os jovens passam muitas horas do dia nas redes sociais e essa é uma ótima forma de atrair visibilidade direcionada. Em geral, elas são um excelente meio de fazer com que o relacionem com determinada temática, seja compartilhando conteúdo, seja divulgando curiosidades e pensamentos que remetam à questão. Lembra aquele seu amigo baladeiro ou viciado em academia? Bem, você faz esse tipo de alusão por uma série de motivos que ele deu, então por que não ser lembrado como referência da sua área de atuação?

Você pode usá-las desde cedo para construir autoridade sobre aquela temática que estuda, pela qual se interessa ou tem expertise. Às vezes você pode achar que o que sabe é pouco, mas isso pode ser muito para outros. Então, compartilhe seu conhecimento, pois assim estará ajudando terceiros e, também, contribuindo para sua caminhada profissional ao ser lembrado da maneira certa pelas pessoas.

Estudos apontam que cerca de 70% dos empregadores pesquisam as redes sociais dos candidatos antes da contratação. Imagine o que eles achariam de cada uma das suas postagens? As redes projetam sua imagem muito além do âmbito pessoal, portanto, antes de publicar qualquer conteúdo, é necessário avaliar se existe a chance de esse material ser ofensivo a alguém ou a algum grupo. E no caso de possíveis polêmicas e críticas, é bom fazer sua gestão de risco e já ter argumentos sólidos. Credibilidade não se constrói de um dia para outro, mas perdê-la sim; fique atento ao que posta nas redes.

Quando recrutei para os mercados europeu e asiático, fui treinada a buscar candidatos usando não só o LinkedIn mas redes sociais, como Instagram, Facebook e Twitter.

E, de fato, já entrei em contato com candidatos e entrevistei por essas plataformas. Mas, como foi possível achar essas pessoas? Elas tinham páginas voltadas para o profissional, usaram as hashtags adequadas e compartilhavam fotos de boa qualidade. O Twitter é um ótimo lugar para achar perfis mais relacionados à área de comunicação e jornalismo, pois é uma ferramenta com grande concentração desses formadores de opinião. Para a galera de design, stylists ou que trabalha com imagens, é muito importante, além de um portfólio online, que tenham Instagram. Entrevisto designers gráficos que encontro em buscas nesse meio, prática que já é realidade em vários países do mundo.

DIFERENÇA ENTRE MARCA PESSOAL E MARKETING PESSOAL

Muita gente confunde os dois termos. Marketing pessoal, esse, sim, você CRIA. É como você vai mostrar para o mundo todas as suas características, quais ESTRATÉGIAS adotará para refletir ao mercado seu diferencial e o valor da sua marca pessoal. Essa denominação trata do planejamento para que um determinado produto ou serviço atinja o mercado, são as ferramentas para exibir seu diferencial e sua boa reputação. E em um ambiente cada vez mais especializado e competitivo, construir argumentos para ter essa imagem influente é um fator crucial na empregabilidade.

Uma vez que se conhece sua marca pessoal, parte-se para a criação desse plano. A definição de parâmetros de posicionamento, como MISSÃO, VISÃO e VALORES, fará você entender qual é a mensagem certa para conquistar seu objetivo. Alguns recursos do marketing pessoal possibilitam ainda a criação e manutenção do relacionamento com seu público, que, conhecendo suas habilidades e confiando nos resultados, tende a conferir maior credibilidade a você. Por isso o conceito de branding é uma preocupação constante das empresas e pode ser aplicado também na sua vida. Você já se perguntou por que um produto pode custar mais do triplo de outro com as mesmas especificações? Não é à toa. Existe uma ciência por trás disso. A construção dessa imagem é resultado de um trabalho constante e bem planejado.

CURIOSIDADE: COMO VOCÊ É LEMBRADO PELAS PESSOAS?

Um exercício bem simples para perceber como veem você é pedir a um grupo de familiares, amigos ou colegas de trabalho que o defina em apenas uma palavra ou expressão. Ao compilar as respostas, divida-as entre as que já esperava ouvir e aquelas que foram completamente inusitadas. Bem, as primeiras fazem parte da sua "área livre", a que você já conhece e que também se mostra bastante aparente para os outros. A segunda classe vai ser chamada de "área cega", ou seja, o que transparece para o mundo ao seu redor sem ter consciência. Essa é uma boa prática de autoconhecimento, que pode revelar como e onde seu marketing pessoal pode ser trabalhado.

A inspiração para essa avaliação se chama Janela de Johari e é uma ferramenta criada em 1955 para auxiliar no entendimento da comunicação interpessoal e nos relacionamentos entre grupos. Em um modelo de representação um pouco mais complexo, é possível analisar o grau de entendimento do "eu" no meio por quatro quadrantes: as áreas aberta, cega, oculta e desconhecida. Em diversos sites é possível achar modelos e explicações mais detalhadas de como fazer essa análise.

Formas de investir na sua marca pessoal:

- Use as redes sociais a seu favor: sua presença online pode potencializar seu offline. Ao compartilhar conteúdo online, você comunica também sua personalidade, autenticidade, seu conhecimento e intenção profissional; isso o ajudará a ser lembrado da maneira certa pelo seu ativo de relacionamento.

- Não tente ser tudo para todo mundo: ao tentar agradar a todos, acabamos nos boicotando, perdendo energia e nossa marca fica sem direcionamento. É impossível ser lembrado por tudo e por todos.

- Seja consistente: para que sua marca se torne memorável, seja consistente. Alinhe a forma como se apresenta profissionalmente em todos os ambientes, nos canais e redes on e offline. A consistência gera familiaridade. E confiamos e somos influenciados pelo que nos é familiar.

- Entenda quem você é além do seu título: o que o diferencia das outras pessoas é a sua história, sua paixão, seus valores e o seu corre até aqui. Entenda a sua promessa única de valor e comunique isso com constância.

- Construa e invista na sua rede de relacionamentos: movimente-se, participe de palestras e cursos, grupos de estudo locais que propiciem o networking.

- Melhore a aparência dos seus materiais: tudo comunica a sua marca, seu currículo, assinatura, posicionamento no LinkedIn, suas roupas ou as cores que mais usa. Pense sempre no alinhamento e cuidado também com a aparência e o conteúdo desses materiais.

A IMPORTÂNCIA DE TER MENTORES

Quer pegar menos caminhos errados e chegar mais rápido? Tenha mentores! Eles são pessoas mais experientes (não digo de idade, mas de vivência em certa temática) e dispostas a compartilhar seu conhecimento, indicar atalhos e dar dicas para que vejamos as coisas sob um prisma pelo qual não conseguimos sozinhos. Por estar fora da cena, essa clareza mental aliada a vivências prévias são um importante suporte na tomada de decisões, criação de estratégias bem definidas e na manutenção do foco. Mentores ajudam a chegar ao seu objetivo com maior rapidez e segurança, minimizando erros evitáveis e potencializando o crescimento. Especialmente em momentos de fraqueza e dúvidas do seu potencial é que esse papel se torna mais útil.

Quando paramos para observar grandes executivos e empresários, a grande maioria declara explicitamente que teve mentores. Um caso muito conhecido é o do fundador do Facebook, Mark Zuckerberg, que teve como mentor ninguém menos que Steve Jobs, da Apple. Ele afirma: "Logo no início da nossa rede social, antes de as coisas realmente estarem indo bem, muita gente queria comprar o Facebook e achei que deveríamos mesmo vender a empresa. Para me ajudar a refletir sobre isso, fui ver um dos meus mentores: Steve Jobs." Mark seguiu o conselho de Jobs e o sucesso prova que não vender a empresa foi a melhor decisão!

Enquanto no cenário internacional é possível observar que a prática da mentoria já é uma realidade, no Brasil ainda estamos caminhando aos poucos para esse novo hábito. Nos Estados Unidos, por exemplo, John Doerr, presidente da Kleiner Perkins (KPCB) – empresa que atua no mercado de investimentos direcionando seus fundos para capital de risco, principalmente em negócios ligados ao Vale do Silício –, também foi mentor de Steve Jobs e hoje realiza mentorias com líderes como Larry Page do Google, Jeff Bezos da Amazon, Mark Pincus da Zynga, além do próprio Zuckerberg da Meta (ex-Facebook), Instagram e Whatsapp.

Vivemos a chamada "Era do Conhecimento", em que as competências do capital humano são mais valorizadas e o aprendizado não está centralizado apenas nas instituições mas também na contribuição e confiança mútua entre as pessoas. Essa mudança de paradigma pressupõe também uma atualização nos modelos de gestão, nos quais conhecimento, tecnologia e inovação caminham juntos para a viabilidade de negócios e abrem cada vez mais espaço para a figura do mentor.

Assista aqui a um podcast com o maior mentor da minha vida, um bate-papo cheio de aprendizados para contribuir com a sua caminhada.

NÃO CONFUNDA ÍDOLO COM MENTOR

Note que há uma grande diferença entre os conceitos de ídolo e mentor. O primeiro é aquele que você admira por ter as habilidades que almeja, pelo sucesso alcançado na profissão, mas que não necessariamente será capaz de indicar caminhos ou perceber atributos e entraves para o seu crescimento. A peça-chave da diferença entre os dois é a comunicação, a troca de conhecimento. Aqui conhecimento técnico não é fator decisivo, mas, sim, sua capacidade de dar diretrizes e aconselhar.

Pais e educadores costumam ser nossos primeiros mentores. Lembro que, na época da faculdade, tinha uma professora que ministrava a matéria "gestão de carreira" e eu a admirava muito. Acho que foi uma das primeiras pessoas que me despertou o interesse para o tema. Eu lembro que a olhava e pensava: "Nossa, quero ser igual a essa mulher quando crescer." Desde essa época, eu era muito participativa na disciplina, conversava com ela antes e após as aulas e, quando fui escrever meu TCC, eu a escolhi como minha orientadora. Após a formatura, mantivemos contato, saíamos para tomar café, almoçávamos juntas e ela virou uma das minhas principais mentoras até hoje. O fato de eu ter investido nesse relacionamento e, desde aquela época, demonstrado interesse em seu trabalho resultaram em uma grande amizade e parceria. A pessoa que eu admirava tanto hoje é minha parceira na entrega de vários projetos de RH. Estou falando isso para atentar que, se você está em alguma instituição de ensino, invista no relacionamento com seus professores, demonstre interesse pela trajetória deles; além de orientar, eles também podem abrir muitas oportunidades profissionais no futuro.

Amigos muitas vezes desempenham esse papel; a verdade é que pessoas mais próximas têm grande influência na forma como percebemos o que está ao nosso redor, daí a importância de estarmos sempre cercados de figuras inspiradoras e motivadoras. Autor do livro *7 strategies for wealth & happiness* (7 estratégias para a prosperidade e felicidade, em tradução livre),[9] Jim Rohn afirma que somos a média das cinco pessoas com as quais mais convivemos, por isso a importância de nos livrarmos do pessimismo, da negatividade e daqueles que estão sempre nos puxando para baixo. Pensa aí agora, quem são as cinco pessoas com que você mais convive? Principalmente no início da vida profissional, estar em um ambiente cercado de pessoas inspiradoras pode dar muito mais retorno do que ganhos financeiros imediatos, por exemplo.

---

[9] ROHN, Jim. *7 strategies for wealth & happiness*. Nova York: Harmony Books, 2013. 164 p.

VALORIZE A TROCA COM OUTRAS GERAÇÕES

Apesar de o natural ser o mais experiente atuar como mentor, no mercado atual é comum acontecer exatamente o oposto. A chamada mentoria reversa acontece quando jovens são desafiados a orientar, e isso prova que a posição não está relacionada à idade, mas, sim, à experiência. Por exemplo, tenho mentorados trinta ou quarenta anos mais velhos do que eu, e apesar da grande diferença de idade (ou justamente por causa dela) essa troca costuma ser riquíssima.

Hoje temos três gerações que trabalham dentro de uma mesma empresa, então precisamos entender o seguinte: nós jovens já nascemos em um contexto tecnológico que não é inerente a muitos dos nossos colegas. Colaboradores, executivos e gestores, por serem de uma geração anterior, podem não ter uma relação tão natural com determinados assuntos ou processos tecnológicos. Esse intercâmbio, quando bem aceito e trabalhado pelas empresas, tende a criar um ambiente de trabalho mais integrado, com menos conflito e mais colaboração.

No entanto, vale lembrar que tecnologia nenhuma substitui anos de experiência, é preciso humildade para conciliar ambos os lados. Acredito que os profissionais que tiverem sabedoria para conduzir essa troca entre as gerações conseguirão alcançar resultados valiosos, tanto para a empresa quanto como bagagem para seu crescimento pessoal.

SEJA HUMILDE PARA ENSINAR E APRENDER

Ter escuta ativa e fazer boas perguntas pode atribuir uma vivência que os anos ainda não deram a você, mas é preciso ter modéstia na hora de pedir ajuda, bem como no momento de passar conhecimento. Eleja mentores e conselheiros que, mesmo de diferentes áreas, serão capazes de fazer você considerar diversos pontos de vista e contribuir na análise de prós e contras.

Para a especialista em desenvolvimento humano com foco em ambientes organizacionais Bela Fernandes, podemos fazer uma correlação com o conceito de inteligência coletiva do filósofo e sociólogo francês Pierre Lévy. No lugar de competir, duas ou três diferentes gerações podem se unir, utilizando a tecnologia para compartilhar conhecimento em prol de um objetivo comum. A internet como ferramenta proporcionou a colaboração de indivíduos e, portanto, a soma de suas diversidades, mas esse convívio precisa ser exercitado. Quanto mais plural esse time for, maiores as dificuldades e também as chances de sucesso.

Quando olho para a minha carreira, sei exatamente quem foi e são meus mentores. Você sabe quem são os seus? Tenha em mente seus nomes e cultive esses relacionamentos; quanto mais encontros, sejam eles formais, sejam para um simples cafezinho, maiores serão as chances de trocar conhecimento, compartilhar suas ideias e falar sobre suas angústias e ansiedades. Se você nunca tinha pensando nisso, é o momento de refletir. Anote aí quem são seus possíveis mentores. Uma conversa tem o poder de mudar o rumo da sua vida. Todas as minhas principais escolhas profissionais basearam-se em conversas que tive com meus mentores; ouvir a opinião deles sempre me possibilitou mitigar o risco de pegar caminhos errados. E, inclusive agora, nessa fase em que estou escrevendo este livro, a visão deles sobre inúmeros aspectos é determinante para as minhas tomadas de decisão.

Tenha cuidado para não eleger seus ídolos e mentores com base apenas em cargos e escolaridade; em nossa trajetória podemos aprender com qualquer um, não importam esses rótulos. Todos que estão ao nosso redor têm algo para nos ensinar, seja profissionalmente, seja com uma história de vida, de superação. Esteja aberto, atento e tenha escuta ativa, pois lições importantes podem vir de onde menos se espera.

NETWORKING: INVISTA NA SUA REDE DE RELACIONAMENTOS

Esse é um dos mais importantes pilares da sua carreira, o quanto você cuida, cria e cocria o seu ativo de relacionamento está muito ligado à quantidade e qualidade das oportunidades e portas que vão se abrir. É crucial entender que, quanto mais cedo você começar a cuidar e olhar para essa temática com seriedade, antes isso será traduzido em acesso a oportunidades. Investir em relacionamentos é como plantar sementes hoje para colher frutos no futuro, eles são as oportunidades de emprego, parcerias, sociedades e trocas de aprendizado. Um amigo que vai se lembrar de você e o indicará para um cargo, um convite para participar de um evento ou palestra que pode ser o divisor de águas na sua vida profissional. Pode também ser aquele contato que vai conectá-lo à pessoa de que você precisa para conseguir a vaga dos seus sonhos, ou ainda aquela indicação estratégica para participar de um processo seletivo. O seu ativo de relacionamento pode atuar como facilitador e parceiro estratégico para alcançar de forma mais rápida e potencializada patamares aos quais você jamais conseguiria chegar sozinho.

PARE E OLHE AO SEU REDOR HOJE

Escola e faculdade são as primeiras e principais redes de relacionamento que você vai construir. Independentemente do patamar em que esteja hoje, seja ensino médio, seja graduação ou graduação recente, pare e olhe ao redor. Você está dentro de uma sala de aula? Olhe seus professores e colegas, está vendo essa pessoa ao seu lado, com a qual você convive todos os dias? Muitos deles amanhã serão futuros gerentes e diretores de empresas nas quais você almeja trabalhar. Serão gestores que poderão contratar seus serviços ou conectar você a pessoas estratégicas. Portanto, estou aqui para provocar que olhe para eles como amigos, colegas de classe, mas também como uma oportunidade de relacionamento incrível para sua carreira, que amanhã poderão estender a mão quando você precisar. Por isso, quanto mais cedo você olhá-los de maneira estratégica, melhor. Cultive seu ativo de relacionamento; durante a sua trajetória vá adicionando todas essas pessoas ao seu LinkedIn.

VOCÊ PODE TER MUITOS CONTATOS, PORÉM ISSO NÃO SIGNIFICA NETWORKING

Não se iluda, networking é diferente de contato. Contatinho é muito fácil de arrumar; são aquelas pessoas que você conhece superficialmente e, com o passar do tempo, nem lembra mais os nomes. Quantidade não significa qualidade! Não é porque você tem mais de cinco mil amigos em suas redes sociais que está fazendo isso de modo apropriado. Um networking estratégico de fato é aquele em que conseguimos cultivar um RELACIONAMENTO e isso requer investimento de tempo, energia e dedicação. São aquelas pessoas com as quais você consegue almoçar ou jantar de vez em quando, para as quais telefona e manda mensagens para saber como estão, com as quais gasta seu tempo e energia para manter por perto. Concorda que a coisa mais preciosa que temos na vida é o nosso tempo? Justamente por isso é importante a gente sempre se questionar quem são as pessoas com as quais, de fato, estamos gastando a nossa energia. Estão elas agregando e edificando a nossa trajetória ou nos jogando para baixo? Quem mantemos por perto e com quem nos relacionamos diz muito sobre quem somos. Então, cuidado com os sabotadores, existe gente que só se aproxima para nos fazer duvidar da própria capacidade.

APROXIME PESSOAS COM OS MESMOS INTERESSES

Uma das melhores estratégias para cultivar o seu ativo de relacionamento, na minha opinião, é aproximar pessoas que tenham os mesmos interesses. Por exemplo, vamos supor que, na sua sala da faculdade, um colega sonhe em trabalhar na área de logística de determinada empresa. Se você tem um familiar ou amigo que trabalha ou conhece alguém dessa área ou empresa, por que não oferecer ajuda e fazer essa ponte? Você pode marcar uma conversa entre eles para tirar dúvidas e mostrar um pouco mais do dia a dia e da rotina daquela área. Ou se conhece alguém da empresa em que aquele seu amigo quer trabalhar, faça a ponte para uma indicação. Quando você faz isso, está ajudando alguém que vai se lembrar de você com gratidão e futuramente pode retribuir, apresentando-o para uma pessoa estratégica ou abrindo portas para alguma oportunidade.

NETWORKING É BASEADO EM RELAÇÃO DE TROCA

Engana-se quem acha que o networking é uma relação de mão única. Trata-se de uma troca, quando ambos se relacionam pensando o que podem oferecer para ajudar o próximo. Isso, sim, é uma relação ganha-ganha de valor, em que todos aprendem e crescem juntos.

> **Mostre interesse pela história das outras pessoas.**

Quando penso em relacionamento interpessoal, é impossível não lembrar o autor e executivo de vendas Dale Carnegie, que escreveu um dos melhores livros que já li e que recomendo demais. *Como fazer amigos e influenciar pessoas*[10] tem duas frases que me chamaram muita a atenção. Nesse livro ele compartilha a ideia de que "Interessando-nos pelos outros, conseguimos fazer mais amigos em dois meses do que em dois anos a tentar que eles se interessem por nós." Essa frase nos mostra que um networking eficaz não envolve apenas o ato de falar mas o de ouvir e ter uma escuta ativa. Mostre interesse genuíno pelo que está sendo dito e se conecte com aquele interlocutor. O autor ainda complementa o pensamento com: "Se quer ser um bom conversador, seja um ouvinte atento. Para ser interessante, seja interessado. Faça perguntas que o outro sinta prazer em responder. Incite-o a falar sobre si mesmo e sobre os seus pensamentos prediletos."

O SEU ATIVO DE RELACIONAMENTO PRECISA SABER DA SUA INTENÇÃO

Uma parte muito importante do sucesso do seu networking é expor seus objetivos para o seu ativo de relacionamento. Sempre que possível, comunique e envie sinais de quais são as suas intenções e quais serão os próximos passos que você quer dar na sua carreira. Outra pensadora, a Dorie Clark, também nos provoca com esta frase:

---

[10] CARNEGIE, Dale. *Como fazer amigos e influenciar pessoas*. Rio de Janeiro: Editora Sextante, 2019. 256 p.

> **Temos de garantir que os outros estejam conscientes do que estamos fazendo e para onde estamos indo para poderem nos conectar com as oportunidades certas.**
>
> Dorie Clark

Porque você até pode cuidar da sua rede de relacionamentos, ter passado uma vida inteira investindo nisso e ter pessoas por perto com as melhores intenções, mas concorda que só poderão ajudar se souberem qual é a sua intenção? Eles só vão oferecer oportunidades e facilidades que de fato se conectam com o que quer se você comunicar claramente aonde pretende chegar.

O que tem feito para manter a sua rede de relacionamentos aquecida? Com quem tem se relacionado? Vou compartilhar iniciativas para manter seu networking ativo:

- Divulgue seus projetos e ideias nas redes sociais. Isso faz com que seja lembrado por assuntos de seu interesse e o associe às oportunidades certas.

- Participe de eventos de networking e fóruns de discussão, busque saber se a sua área de atuação tem algum associativismo ou se em sua cidade e estado existe algum grupo temático de que possa participar.

- Tente ser participativo nos eventos, não tenha vergonha de se apresentar e iniciar conversas.

- Ao iniciar uma conversa, tente achar um ponto em comum com a pessoa.

- Aproxime pessoas com mesmos interesses, conecte-as por temas em comum.

- Curta e comente posts de pessoas não tão próximas (isso as lembrará que você tem interesse nos projetos delas).

- Mantenha seus perfis atualizados nas redes sociais, principalmente no LinkedIn.

- Mostre interesse pelas pessoas, lembre-se da frase do Dale: "Para ser interessante, você precisa ser interessado."

DEPOIMENTO: COMO O NETWORK ME AJUDOU A CONSEGUIR UM EMPREGO EM NOVA YORK

> O crucial para minha transição foi a preparação. Comecei a me preparar quase um ano antes da mudança, pesquisei muito, ouvi podcasts, fiz mentoria e até voltei a fazer análise. Outra coisa que fiz incansavelmente foi procurar ouvir a experiência de outras pessoas, pois acho que a gente sempre aprende com a jornada do próximo, não importa se com erros ou acertos. Foram muitas horas, muita energia que coloquei nesse objetivo, e quando iniciei o processo, por mais difícil que fosse, eu sabia que tinha me preparado ao máximo.
>
> Ter um "resumão" profissional foi meu grande diferencial. Pensar, escrever e praticar o discurso foi essencial. Eu cheguei em todas as entrevistas com isso na ponta da língua. Aprendi a aproveitar a oportunidade de falar o que eu queria que soubessem sobre mim, os pontos mais importantes, mesmo antes de fazerem qualquer pergunta. Eu ficava sempre torcendo para que pedissem: "Ah, então fale um pouco sobre você." E aí eu dava o meu recado e me sentia confiante e empoderada de que já tinha começado bem.

Outro item importante abordado na mentoria que foi crucial para a minha entrada no mercado americano foi o networking. Cerca de um mês antes de me mudar comecei a procurar e adicionar pessoas da minha área na cidade para onde eu estava indo. Ou seja, comecei a utilizar o LinkedIn de maneira estratégica. E se conectar não é pedir emprego. Sempre mandava mensagens pedindo para nos conectarmos, explicando que sou designer e estava me mudando em breve para Nova York. Também é muito positivo fazer menção de onde conheceu aquela pessoa, se leu um artigo, se viu uma live ou se tem algum contato em comum. E foi assim que consegui o emprego em que estou hoje. Adicionei minha atual chefe e, no dia que uma designer pediu demissão, ela entrou no LinkedIn e viu minha mensagem.

Minha dica para quem está se formando e tem interesse em atuar fora do Brasil é se preparar. Pesquisar, fazer mentoria e tudo mais que estiver ao seu alcance. Com certeza não é uma empreitada fácil, mas creio que os mais bem preparados têm mais chance de se destacar nesse processo. Querer é poder!

Flavia Oliveira, mentorada, designer gráfico/empresária na área de artigos de luxo em Nova York

BUSQUE EXPERIÊNCIAS

Vai sair na frente quem tiver mais histórias para contar. Quanto mais cedo você se movimentar para começar a construir esse enredo, melhor. Tenho observado que, com os passar dos anos, com as mudanças do mercado e da relação homem-trabalho, o entendimento do que é experiência também tem se modificado.

Antigamente, experiência significava ter a carteira de trabalho assinada. Era necessário ir para as entrevistas de emprego com ela debaixo do braço e mostrá-la aos recrutadores para comprovar os cargos, só se podia trazer para o currículo aqueles que constavam em carteira. Acredito que o entendimento do que se caracteriza por experiência mudou e vem mudando muito. Hoje é possível considerar qualquer atividade de trabalho formal, informal ou acadêmica.

Vemos um grande crescimento de contratações por projetos, freelancer ou ainda como pessoa jurídica. Por exemplo, atualmente existem jovens de 14 ou 15 anos que estão programando, outros empreendem antes mesmo de começar a faculdade. Recentemente estava recrutando para uma vaga de estágio em mídias sociais e, dos 15 currículos que avaliei de jovens entre 19 e 22 anos, 10 deles já tinham experiência prévia. Vários atuavam como designers e social media freelancer desde o início da faculdade, e outros estavam envolvidos em atividades acadêmicas. De fato, esses perfis que se "movimentam" desde cedo costumam sair na frente, e a prova disso é que o candidato que conseguiu a vaga era presidente de uma empresa júnior.

Você tem aproveitado o que sua instituição de ensino oferece? A grande maioria delas proporciona ótimas oportunidades de experiência acadêmica, como mentorias, monitorias, projetos de iniciação científica, empresas juniores, organização de eventos temáticos, participação em rádio e tevês próprias, ou ainda a criação de ligas da sua área de atuação. Você já se interessou em participar de alguma? Caso nunca tenha se inteirado, recomendo que entre em contato com a sua faculdade o quanto antes para perguntar o que eles têm a oferecer.

Outras formas de ganhar experiência é se envolver em projetos voluntários, trabalhos sociais ou ajudando seus pais, familiares e amigos caso tenham um negócio próprio. Lembro que, no primeiro período da faculdade, eu já pedia que meu pai o ajudasse nas palestras e nos workshops que ele ministrava nos finais de semana. Também durante a faculdade fiz um "bico" trabalhando nas feiras de moda, ajudando minha mãe a vender as bermudas que ela fabricava. E você, como pode ajudar seus familiares ou amigos?

Muitos podem estar pensando: "Ah, mas não vale a pena me envolver com certas coisas porque não estão diretamente ligadas à minha área de atuação." Não pense assim! É sempre válido, pois você estará desenvolvendo diversas habilidades transversais que, sem dúvida, vão contribuir. Pode ser na comunicação, negociação, no relacionamento interpessoal, e você vai começar a criar o seu networking, seu ativo de relacionamento, que, como já falei no ponto anterior, é um dos principais pilares da sua carreira. Tudo isso poderá ser usado no seu currículo ou em entrevistas, com certeza você já vai chegar com muito mais história para contar e conseguirá demonstrar comportamentos como iniciativa e proatividade ao se movimentar ainda tão jovem.

Portanto, mexa-se. Seja curioso. Não espere chegar no meio ou final da sua graduação porque, quando for buscar uma oportunidade, já haverá milhares de pessoas na sua frente. A única forma de não aprender nada é não fazer nada; movimentando-se e colocando a mão na massa você sempre vai estar adquirindo conhecimento e garanto que um dia você vai colher esses frutos.

DEPOIMENTO: A EMPRESA JÚNIOR ME AJUDOU A CONSEGUIR O ESTÁGIO DOS MEUS SONHOS

> Ter participado da empresa júnior foi fundamental para passar em processos seletivos até alcançar meu sonho de trabalhar na L'Oreal. Atuar desde o primeiro período da graduação fez com que eu desenvolvesse cedo habilidades como senso de responsabilidade, comunicação, relacionamento interpessoal, além de contar como uma primeira experiência profissional e me familiarizar com o universo corporativo. Antes disso eu não tinha nenhuma experiência prática, meu currículo dava ênfase apenas para os cursos online e idiomas.
>
> Uma vez dentro da empresa júnior, fiz questão de não ser apenas mais uma. Eu me esforcei em me desenvolver em todos os aspectos e absorver o máximo de conhecimento. Corri atrás de cargos de liderança e me voluntariei para os mais diversos projetos e funções vacantes. Mesmo que isso significasse mais trabalho no dia a dia, estava em busca de dar o meu melhor. Quanto mais me destacava, mais conquistas e resultados tinha para contar.
>
> Primeiro fui trainee, depois consultora de projetos, passei pela área financeira e fui para a gerência de recrutamento e seleção até chegar na diretoria. O intuito é 'criar' uma carreira ali dentro, ter esses degraus claros na sua trajetória e ir se desenvolvendo para realmente virar uma referência naquele ambiente. Além de ajudar a compor o currículo, também contribuiu muito para a minha narrativa nas entrevistas, pois pude compartilhar diversas competências técnicas e comportamentais que desenvolvi na prática com aquela experiência, e isso, com certeza, deixou a minha história muito mais atrativa para o contratante.
>
> Milena Magalhães, mentorada e estagiária L'Oreal

@marianareis.ra ✕

O que você me perguntaria se tivesse uma mentoria de carreira comigo? 👊

Como me posicionar para o RH e cobrar um retorno do jeitinho certo?

Esperaria 2 semanas (aproximadamente 15 dias) para pedir um posicionamento.

Enviaria por email:

Boa tarde, prezado(a), tudo bem?

Meu nome é .... e tive a oportunidade de participar duas semanas atrás do processo seletivo .... para a vaga .... e gostaria de saber se teriam alguma atualização sobre o processo.

Desde já, agradeço a atenção e desejo um excelente dia.

Assinatura

SIMPLES, ASSERTIVO E EDUCADO

capítulo 4

PRODUTOS DA MARCA PESSOAL

Depois de saber a importância de se posicionar direito e se projetar para o mercado da maneira como queremos, vamos focar agora nas ferramentas de que dispomos para tal. Gosto de chamá-los de produtos da marca pessoal, pois servem justamente de vitrine para o mercado. São eles as redes sociais, o currículo, LinkedIn, videocurrículo, carta de apresentação e portfólio.

Lembra que já falamos que posicionamento profissional só se constrói com repetição? Então, temos de ter isso em mente nesse momento. É muito importante quando todas as nossas ferramentas de apresentação comunicam a mesma ideia, intenção e têm sinergia entre si. Com o olhar de recrutadora, compartilho alguns dos principais pontos de cada uma dessas ferramentas, que com certeza terão relevância em uma seleção.

Currículo de sucesso

Vamos começar pela primeira ferramenta que você precisa ter em mãos de forma estratégica. A alta relação candidato-vaga faz com que o tempo médio gasto analisando cada currículo varie de 20 a 30 segundos. Esse é o instante necessário que a maioria dos recrutadores precisa para bater o olho em pontos específicos e decidir se continua a leitura ou se já passa para o próximo. Logo, a assertividade também é característica obrigatória na hora de fazer seu currículo. Você vai perceber que, bem como essa, a grande maioria das orientações também vale como base para o preenchimento do seu LinkedIn; vamos falar disso posteriormente.

Vou começar compartilhando algumas premissas que acho importante termos em mente para a construção de um currículo que prenda a atenção do recrutador.

Seja assertivo!

Assertividade é sobre falar "menos" com mais qualidade, ir direto ao ponto. Para quem está em início de carreira, uma página é mais do que suficiente para despertar o interesse desse recrutador. E mesmo que você tenha décadas de experiência, tente nunca passar de duas páginas. A diferença está em quem sabe fazer a melhor curadoria da própria história. Se pensar no seu objetivo profissional, quais vivências e experiências são mais relevantes para trazer para a sua ferramenta de apresentação? Faça suas escolhas com base nessa pergunta. Para ser selecionado pelos sistemas e fisgar a atenção do leitor, não é o tamanho ou layout, aqui vale a funcionalidade do documento e a qualidade da informação. Evite grafismos, fontes ou cores chamativas, que possam dificultar a leitura. A ideia não é chamar a atenção pelo design; se essa for a sua área, demonstre isso no seu portfólio.

Tenha palavras-chave da sua área de atuação

Hoje, a maioria dos processos seletivos é realizada por softwares de recrutamento, em que se faz uma triagem filtrando esses potenciais candidatos, literalmente "caçando" termos definidos em etapa anterior. Então, mesmo que os significados sejam parecidos, é preciso usar as palavras exatas que o sistema e o mercado estão buscando. Não adianta usar "dar opinião" ou "fazer análise" se a busca é por "emissão de parecer".

Por isso, é muito importante trazer as palavras-chave corretas para fazer com que seu documento passe pela etapa de triagem e seja visto pelo recrutador.

ONDE ACHAR ESSAS PALAVRAS-CHAVE?

Uma das melhores formas de identificar esses termos da sua área de atuação é na descrição de cargo das vagas que estão abertas atualmente. Recomendo que analise no mínimo 20 vagas da sua área de interesse e faça uma lista das principais palavras-chave que encontrou. Preste MUITA ATENÇÃO para os termos que se repetem entre os anúncios, pois esse padrão de repetição quase sempre indica que essas são as mais procuradas.

Destaco em negrito algumas palavras-chave que provavelmente o recrutador vai utilizar como filtro na etapa de triagem dos currículos:

ANALISTA FINANCEIRO JÚNIOR

- Atuar na rotina de acompanhamento de **relatórios** e **indicadores financeiros**.

- Realizar **conciliação de venda**.

- Realizar **análise de crédito**.

- Acompanhar e realizar o suporte aos fornecedores dos processos de **contas a receber**, garantindo os lançamentos das faturas, a confidencialidade dos dados e atualização contratual.

No final deste capítulo você poderá acessar o QR code e baixar gratuitamente um template de currículo para preencher e atualizar seu documento. Vou compartilhar um checklist com pontos que acredito que mereçam sua atenção:

- **Dados pessoais**: mantenha sempre seus dados atualizados, afinal você não quer desperdiçar uma chance valiosa em uma caixa que não checa mais, certo? E tenha atenção ao endereço de email que vai disponibilizar; se seu objetivo é profissional, deve seguir a mesma lógica, então evite apelidos ou diminutivos. Caso seu nome e sobrenome não estejam mais disponíveis, opte por criar um mesclando com iniciais.

- **Objetivo**: descreva-o de forma sucinta. Vários candidatos erram aqui lançando um "textão". Seja breve e assertivo, e atualize esse campo sempre fazendo referência ao nome da vaga para a qual você está aplicando. Exemplo: se estiver buscando estágio na área comercial, coloque "atuar como estagiário na área comercial".

- **Experiência profissional**: atenção, considero essa a parte MAIS IMPORTANTE do seu currículo. Ela, literalmente, pode jogar você para cima ou tirá-lo do jogo de vez, então tenha atenção máxima na hora de descrever de maneira clara e atraente. Além das informações óbvias como cargo, período e nome da empresa, vale a pena colocar uma breve explicação sobre ela em até uma linha. Esse briefing ajudará o recrutador a criar um contexto caso não conheça a corporação apenas pelo nome. E na hora de descrever seus processos, utilize tópicos curtos e assertivos, priorizando a ação e inserindo palavras-chave da sua área de atuação. Como sempre, a ordem cronológica deve ser seguida da experiência mais recente para a mais antiga.

Se houver, as conquistas deverão ser inseridas logo após a descrição da sua rotina, tornando-se o desfecho perfeito para sua narrativa. Elas também são um grande chamariz para prender a atenção do recrutador, mas lembre que seu currículo precisa ser relevante e verdadeiro; se esse resultado ainda não existe, tenha paciência, ele vai chegar!

Caso se aplique, se você já esteve em posições de liderança, é muito valorizado quando o profissional tem em mente a preocupação com a melhoria de processos e desenvolvimento da equipe. É esse tipo de legado que as empresas buscam, e o que é facultativo para os mais juniores, aqui passa a ser imprescindível: é preciso compartilhar conquistas e resultados, sejam eles quantitativos, sejam qualitativos.

Atenção! Outra coisa muito comum que percebo nos meus atendimentos de mentoria são os jovens não reconhecerem suas vivências e conquistas como experiências. Quem nunca atuou no mundo corporativo pode, e deve, considerar sua história acadêmica e não formal para trazer para o currículo. Iniciação científica, trabalho voluntário, projeto de pesquisa da faculdade, bico de final de semana ou mesmo uma aventura pelo empreendedorismo vendendo artesanato, tudo isso são experiências muito bem vistas pelo mercado. Como já falei, vai sair na frente quem tiver mais história para contar, a grande questão é garantir que esse relato seja feito de forma estratégica, independentemente da ferramenta de apresentação utilizada. Em tópicos, descreva as rotinas e atividades desses projetos e experiências acadêmicas.

Por exemplo, um projeto de pesquisa na escola ou faculdade pode gerar itens, como:

- Planejamento e definição da questão de pesquisa.

- Definição de amostra e construção de roteiro.

- Condução de entrevistas qualitativas e quantitativas.

- Análise dos dados e elaboração de relatório.

- Criação e gestão de planilhas de controle.

Caso tenha empreendido, com a criação e venda de algum produto, muito provavelmente você teve experiência com rotinas como:

- Gestão de orçamentos e organização de fluxo de caixa.

- Pesquisa e negociação com fornecedores.

- Compra de insumos e gestão de estoque.

- Criação de conteúdo e gestão de mídias sociais.

Ou ainda dando aulas como trabalho voluntário:

- Responsável pela curadoria de conteúdo e criação de plano de aula.

- Elaboração de atividades interativas e aplicação de tarefas em sala de aula com material próprio.

Com a linguagem adequada, você consegue dar um ar mais profissional a qualquer que seja sua vivência. Ao citar suas experiências, além das palavras-chave, insira o máximo de expressões técnicas que demonstrem sua competência e o conhecimento das rotinas, esse é um meio de tendenciar seu discurso para uma vaga específica.

Verbos que podem ser utilizados no seu currículo para chamar a atenção dos recrutadores:

VERBOS A SEREM UTILIZADOS

Para demonstrar LIDERANÇA

Comandar	Controlar	Coordenar
Delegar	Dirigir	Ensinar
Gerir	Guiar	Inspecionar
Mobilizar	Motivar	Orquestrar
Planejar	Presidir	Supervisionar
Treinar		

Para demonstrar EXECUÇÃO

Criar	Colaborar	Desenvolver
Documentar	Editar	Facilitar
Formalizar	Implementar	Instituir
Introduzir	Montar	Projetar
Revisar	Traçar	

Para demonstrar AÇÃO

Analisar	Auditar	Avaliar
Calcular	Examinar	Identificar
Investigar	Monitorar	Prever

Para demonstrar RESULTADO

Adquirir	Alcançar	Avançar
Conservar	Consolidar	Concluir
Diagnosticar	Diminuir	Entregar
Expandir	Ganhar	Gerar
Impulsionar	Melhorar	Otimizar
Proteger	Reduzir	

- **Cursos**: insira seus cursos complementares segundo a mesma cronologia e lógica de relevância. Muita gente me pergunta: "Mari, fiz vinte cursos, devo colocar todos?" Não. Recomendo que você selecione cerca dos cinco principais. Aqueles mais importantes e relacionados com a área e o cargo que quer. Cursos online e gratuitos com menos de seis ou oito horas de duração não recomendo que entrem. E em formação acadêmica insira apenas os mais robustos (ensino médio, curso técnico, graduação, pós-graduação, mestrado e doutorado).

- **Sistemas**: devo mencionar apenas os sistemas nos quais sou expert? Não! A informação que os recrutadores estão buscando é se você tem alguma intimidade com esses softwares. Não perca a oportunidade de usar essas palavras-chave. Se já desenvolveu algum projeto acadêmico ou teve contato com essas ferramentas, isso já demonstra que pode se adaptar a elas.

- **Resumo profissional**: é um briefing, de um parágrafo. Relate, de modo conciso, suas principais habilidades e trajetória, dando uma visão 360 graus de quem é você, do que está fazendo e aonde quer chegar. Uma boa maneira de prender a atenção é começar com uma frase de impacto que demonstre sua autoridade no assunto. Por exemplo: "Tenho X anos de experiência nas áreas Y e Z, sendo X em posição de gerência." Em seguida, cite os principais macroprocessos e ramos em que atuou nessas áreas e finalize imprimindo um caráter mais pessoal, citando características comportamentais e humanas.

Os itens como idiomas, sistemas, atividades complementares e trabalho voluntário não são obrigatórios e devem ser adaptados de acordo com a realidade de cada um. Considere suas experiências e vivências e faça uma análise; dado o seu objetivo de carreira, quais são as informações mais importantes para trazer?

É necessário ter ao menos dois modelos de currículo. Um mais genérico, para aqueles casos em que não há uma vaga específica, o qual deve conter características mais "macro", retratando quem é, sua formação e suas principais competências, ou seja, um panorama 360 graus de você. E um segundo modelo destinado a uma vaga em particular, no qual é preciso personalizar ao máximo. Costumo dizer que as descrições de cargo valem ouro para quem está se candidatando, pois nelas consta exatamente a expectativa do empregador, quais processos você precisa dominar e as palavras-chave que os sistemas estão filtrando. Com base no seu currículo macro, analise entre os tópicos da apresentação da vaga o que pode se inserir na sua experiência, às vezes ambos contêm as mesmas informações, mas com nomes diferentes. Isso é tendenciar o seu discurso. Por exemplo, se no seu consta "análise de concorrência", mas na vaga chama "benchmarking", faça essa alteração. Não se trata de copiar e colar a descrição na íntegra, é preciso fazer esse estudo do que se aplica às suas competências, pois uma vez que se interessem por você será necessário fazer as devidas explanações em outras etapas da seleção.

Não coloque vários objetivos juntos e, caso deseje áreas de atuação diversas, personalize não só esse campo (do objetivo) mas também todo o restante do documento. Tenha um modelo dedicado exclusivamente a cada um dos segmentos, pois certas habilidades e qualificações são necessárias para uma vaga, mas irrelevantes para outra.

Videocurrículo

Inicialmente relacionado apenas com carreiras ligadas à comunicação e economia criativa, essa modalidade tem se popularizado em todos os segmentos, inclusive em processos seletivos de multinacionais. Ele possibilita sua participação em seleções em outras cidades e acelera esse processo, pois oferece uma chance preciosa de o candidato mostrar sua imagem e falar de suas competências e diferenciais. Atributos como fluência verbal, criatividade e entendimento de briefing também serão avaliados, então não se trata apenas de reproduzir o que já está no currículo impresso; os formatos são auxiliares, se complementam.

Como seus outros materiais, ele também deve ser curto e objetivo, em média dois minutos. Mas nesse formato ainda requer outros cuidados, como um figurino que represente sua identidade e seja adequado ao perfil da empresa, a locação escolhida e qualidade de som e imagem. Evite lugares abertos; quanto mais neutro, mais as atenções estarão voltadas apenas para você e a mensagem que está passando.

DICAS

- Usar a câmera traseira do celular ajudará você a olhar para a lente e não se distrair com a própria imagem. Manter contato visual aproxima e conecta você ao seu espectador.

- Na horizontal, apoiar sua câmera em um lugar fixo ou usar um tripé para garantir a estabilidade. Imagine um recrutador que esteja vendo vídeos tremidos o dia inteiro? Ninguém merece!

- Caso não tenha esses anéis de led ou iluminação apropriada, ficar em frente a uma janela já pode resolver possíveis sombras. Os melhores horários são entre 8 h e 10 h da manhã ou no final da tarde, após as 16 h.

- Para garantir um som sem ruídos, você pode improvisar um microfone de lapela que prenda seu fone de ouvido escondido por dentro da camisa.

- Colocar seu celular em modo avião pode poupar você de perder uma ótima tomada. E para quem tem muita dificuldade em gravar de uma vez, faça em partes e use um desses aplicativos caseiros de edição. Não é o ideal, mas pode ser usado se necessário.

Além de todas as condições técnicas citadas, você só terá um conteúdo de qualidade se roteirizar sua ideia. Nunca leia seu roteiro durante o vídeo. Então, para passar a segurança necessária, esse discurso deve ser ensaiado. Treine com amigos na frente do espelho e faça outros vídeos como teste. Compare essas versões e você vai conseguir ver exatamente em que ponto precisa ser melhorado.

Comece pela apresentação. De forma concisa, fale seu nome, sua área de atuação (e o motivo dessa escolha), o cargo atual e objetivo. Informações como idade, filhos e estado civil são opcionais.

Em seguida, liste as principais experiências que sejam relevantes para o cargo ao qual está se candidatando, sejam elas profissionais, sejam pessoais ou acadêmicas. Um método para eleger o que entra nesse roteiro é escrever exatamente tudo o que fazia em cada uma dessas posições e depois optar pelas mais pertinentes. Como o tempo é curto, é preciso fazer uma ótima curadoria nesse material, sempre customizando e personalizando esse vídeo para cada processo seletivo de que participar.

Diga o porquê de querer essa vaga e o que tem a oferecer, você só conseguirá seguir esse passo se conhecer muito bem a empresa, sua cultura e seus produtos; portanto, estude sobre essa empresa e entenda sua missão e seus valores, quem são seus clientes, competidores, além do setor e da área à qual pertence esse cargo.

Lembre-se de que normalmente esse material chega às mãos dos recrutadores com o seu currículo impresso. Então, no videocurrículo, nós, recrutadores, estamos esperando alguma novidade. Compartilhe um case, uma situação em que consiga demonstrar lições aprendidas e boas práticas, fale de suas paixões, uma curiosidade ou hobby seu. Ao falar de algo que você ama, sua energia muda e o recrutador será capaz de ver seus olhos brilhando.

Para quem está começando, vale a pena falar mais a fundo sobre seus objetivos e citar suas experiências pessoais e acadêmicas. O que se quer é fazer esse recrutador ter curiosidade de conhecer você melhor, e um recurso para tornar seu material mais dinâmico é a utilização de fotos e imagens, que, além de ilustrar, são um meio de atestar e comprovar suas qualificações.

Por fim, aja com naturalidade e entusiasmo, transfira leveza e alegria para sua imagem e tom de voz. Sorria, seja você e conte a sua verdade, mas nunca esqueça que a finalidade desse vídeo é profissional; por mais descontraído e criativo que seja, tenha postura. O videocurrículo precisa representar você para o mercado de trabalho. Erros de português e gírias não serão tolerados.

Baixe aqui o modelo de currículo gratuito e já atualize o seu para começar a aplicar de maneira mais estratégica e competitiva.

LinkedIn

Criada em 2003, essa é a maior rede social profissional do mundo, uma plataforma gratuita que ajuda a cuidar da sua carreira, administrar seu ativo de relacionamento e é usada diariamente por cerca de 744 milhões de usuários, sendo 51 milhões deles colaboradores e recrutadores do Brasil.[11] Costumo dizer que quem não tem essa ferramenta ativa está perdendo diariamente a chance de ser abordado por recrutadores do mundo inteiro. Você pode desde já começar a se conectar com essas pessoas e empresas.

---

[11] Fonte: *Mundo conectado*. "LinkedIn atinge 51 milhões de usuários no Brasil e receita global cresce 27%: Rede social profissional tem 130 novos usuários na plataforma por minuto". Disponível em: https://mundoconectado.com.br/noticias/v/19973/linkedin-atinge-51-milhoes--de-usuarios-no-brasil-e-receita-global-cresce-27#:~:text=O%20LinkedIn%20chegou%20a%20 51%20milh%C3%B5es%20de%20usu%C3%A1rios%20no%20Brasil.&text=A%20comunida-de%20brasileira%20%C3%A9%20a,Estados%20Unidos%2C%20%C3%8Dndia%20e%20China. Acesso em: mar. 2023.

Esse instrumento oferece inúmeros benefícios, e vou indicar aqui alguns dos que considero principais:

- Promover sua marca pessoal e ajudar você a ser lembrado da maneira certa pelo seu ativo de relacionamento.

- Cultivar, cocriar e aquecer a sua rede de relacionamentos.

- O maior e melhor (na minha opinião) portal global de vagas, no qual as melhores empresas do mercado divulgam oportunidades.

- Provedor de conteúdo de qualidade, com visão de mercado atualizada. Todas as empresas e instituições de ensino estão gerando conteúdo nessa plataforma.

- Local de prospecção direta e indireta para empreendedores, principalmente de produtos e serviços voltados para pessoas jurídicas, pois ali estão os tomadores de decisão das maiores empresas.

Mas, atenção! Para o seu LinkedIn ter sucesso e trazer resultados para sua carreira, não adianta apenas ter um perfil. Ele precisa estar ativo, atualizado e com geração de conteúdo constante. Tenha em mente que, quanto mais você usa, mais o algoritmo o projeta para o mercado.

Nas minhas mentorias, oriento quem ainda não tem esse hábito a iniciar seu contato com a plataforma seguindo essas três etapas:

1. Primeiro, concentre-se no preenchimento correto do perfil, muita atenção ao completar todos os campos de modo que represente seu posicionamento e seus anseios.

2. Em seguida, foque na expansão da sua rede de relacionamentos: diferentemente de outras redes sociais, o LinkedIn não é apenas para amigos. Aqui é interessante se conectar a pessoas e instituições estratégicas mesmo que não as conheça, mas que haja algum tipo de alinhamento, sejam interesses em comum, seja mesma área de atuação ou que você admire. Muitos perfis podem oferecer conteúdo edificante; quanto mais laços você cultivar,

melhor. Sua rede deve estar crescendo com frequência; inicie pelos amigos e professores da escola, graduação, cursos e estenda isso para os colegas de trabalho que for acumulando ao longo da sua jornada. Você pode, inclusive, trocar contatos com outros candidatos dos processos seletivos dos quais participar.

3. E, por fim, comece a gerar conteúdo com a criação de posts ou artigos que enfatizem a promoção da sua marca pessoal. Você deve também interagir na plataforma curtindo, comentando, indicando contatos por suas habilidades ou, ainda, escrevendo depoimentos.

Note o quão importante é seguir essa ordem, pois de nada adianta gerar conteúdo sem uma rede para consumi-lo, e menos ainda fazer inúmeras conexões que apresentem um perfil que não represente você.

Se usar essa plataforma com estratégia e intenção, a chave muda. Você para de procurar e tem a oportunidade de o emprego se conectar com você. Existem inúmeros casos de pessoas que, mesmo sem aplicar para nenhuma vaga, foram abordadas por recrutadores em escala global que viram seus perfis e as convidaram para entrevistas. Daí a importância de ser estratégico e assertivo.

Compartilho dicas práticas de cada um desses processos, começando pelo preenchimento correto do perfil. Sugiro aproveitar a leitura e, em paralelo, já começar a atualizar e fazer as correções necessárias no seu LinkedIn.

PREENCHIMENTO CORRETO DO PERFIL

Segue um checklist para a criação do seu perfil. Caso já tenha um, verifique se está completo. Ajustar esses pontos pode fazer toda diferença para torná-lo muito mais atrativo.

- **Fotos de perfil e fundo**: por se tratar de um ambiente profissional, as fotos devem seguir essa mesma lógica. Fundo de praia, boné e óculos escuros são apropriados para outras redes sociais. Tire uma foto – mesmo que seja com seu celular – com vestimenta adequada, em ambiente fechado e fundo branco; isso já será suficiente. A imagem de capa, em segundo plano, deve ser algo que represente você e também pode estar relacionada com a sua área de atuação. Existem sites que são bancos de imagens gratuitas e, com certeza, vão servir de inspiração. Por exemplo, se trabalha com criatividade, inovação ou marketing, você poderia usar a imagem de uma lâmpada acendendo. Evite imagens com outras pessoas para que não se confundam com a sua foto pessoal do perfil.

SEGUEM ALGUNS SITES DE BANCO DE IMAGENS GRATUITAS PARA SUAS FOTOS DE FUNDO.

www.canva.com

www.pexels.com

www.pixabay.com

www.unsplash.com

- **URL personalizada**: ao criar seu perfil, a plataforma automaticamente gera um link grande com letras e números aleatórios. Ao personalizá-lo para seu nome e sobrenome, ou ainda suas iniciais, você poderá ser achado com mais facilidade tanto na rede quanto no Google. Além disso, fica mais apresentável na parte de informações pessoais do seu currículo.

- **Subtítulo**: arrisco dizer que esse é o item mais importante do seu perfil. Esse espaço vai indicar seu posicionamento e, por estar logo abaixo do nome, é um dos primeiros pontos que todas as pessoas e, principalmente, recrutadores notam. Ao fazer qualquer postagem, apenas seu nome e essa descrição aparecerão na página de quem lê. Para preenchê-lo, você deve responder à seguinte pergunta: como quero ser lembrado?

Além da formação ou do cargo atual, sugiro colocar, separadas por barras, palavras relacionadas à temática que o representa, na qual você trabalha ou tem interesse em trabalhar. Por exemplo: estagiária em engenharia de produção/gestão de suprimentos/compras. Essa apresentação não deve ser muito longa e, por ser a forma como se lembrarão de você, esses itens devem ter algum tipo de sinergia, ser coerentes com seus principais atributos e interesses. Esse subtítulo pode sofrer alterações ao longo do tempo ou até mesmo ser personalizado taticamente visando uma vaga.

- **Sobre**: texto tão importante quanto o do item anterior, sendo que as duas primeiras linhas têm de ser especialmente estratégicas e atrativas. Um pequeno briefing ou frase de autoridade que o represente, por exemplo: "Sou estudante do curso X, com vasto interesse pelas temáticas Y e Z." Lembre-se de que só clica no "leia mais" quem se interessou pelo que viu nesse começo. Já o restante do texto pode ser dividido em dois parágrafos de cerca de quatro linhas cada. Um primeiro descreveria suas competências técnicas e experiências, profissionais ou acadêmicas, além das habilidades necessárias para desenvolver tais tarefas e sua visão de futuro. Um último trecho teria um enfoque mais pessoal, podendo compartilhar um pouco das suas paixões, dos seus hobbies e traços da sua personalidade. Acredito que isso humaniza o discurso e possibilita a quem está lendo conhecer você além do profissional. Em relação à formatação, pular uma linha entre cada um desses parágrafos é um bom recurso para tornar o espaço mais limpo e de fácil leitura. Nenhuma dessas regras é imperativa, são apenas dicas para ter um perfil mais eficaz, mas você pode adaptá-las como achar pertinente.

Segue um exemplo de texto para primeiro emprego e/ou início de carreira:

"Estudante de XX com experiência e/ou interesse nas temáticas XX e XX, apaixonado por XX."

(Iniciar o texto com uma frase que seja um briefing 360 graus de você, sua formação e suas áreas de desejo.)

"Na faculdade participei de projetos acadêmicos como XX, nos quais pude desenvolver habilidades de negociação, comunicação, atendimento a clientes e pesquisa. Tenho visão analítica e sou atenta aos detalhes."

(Segundo parágrafo enunciando experiências e principais habilidades adquiridas até então, sejam elas profissionais, sejam acadêmicas.)

"Sou organizada, detalhista e curiosa, busco sempre aprender com todos ao redor. No meu tempo livre gosto de viajar, conhecer novas culturas, estar em contato com a natureza e praticar esportes."

(Termine o texto falando um pouco sobre suas características pessoais e humanas; compartilhe suas paixões e quem você é para humanizar o discurso.)

Ao final da descrição, você pode se valer de um recurso precioso para ser inserido nas buscas dos recrutadores. Crie um combo com três tópicos:

- Palavras-chave que remetam à sua área de atuação.

- Sistemas que domina, eles também funcionarão como palavras-chave.

- Email pessoal. Apesar de o seu contato constar em outros campos, quanto mais fácil for esse acesso, melhor; pode facilitar a vida do recrutador.

DICA

Para quem está em início de carreira, vale demonstrar curiosidade e vontade de aprender. Proatividade, criatividade e um bom relacionamento interpessoal são comportamentos muito apreciados pelo mercado. Demonstre isso também no seu discurso, texto e na entrevista caso você se considere assim.

- Experiência: esse é o último item do trio de maior importância da sua página do LinkedIn. Ele deve ser explicado em tópicos curtos, assertivos e com ênfase nos verbos dos processos e rotinas que você domina. Tente sempre inserir as palavras-chave nesse espaço, por exemplo: "Criação e gestão de planilhas de controle" ou "Assistência a rotinas administrativas". O ideal é que esse ponto seja preenchido de acordo com seu currículo atualizado, seguindo a mesma cronologia, do mais recente para o mais antigo, e aqui também é possível associar ao perfil da empresa onde a experiência foi realizada. Caso existam, conquistas e resultados são ótimas informações que podem estar nesse espaço.

- Habilidades e competências: a própria plataforma oferece algumas opções ou você pode digitá-las. Você tem a oportunidade de adicionar até cinquenta competências. Sugiro que você insira esse número total, pois é um campo importante que serve também para trazer palavras--chave da sua área de atuação. Atente que, após fazer essa seleção, é possível escolher as três mais relevantes para deixar em destaque. Muita gente não conhece esse recurso e acaba selecionando habilidades aleatórias, como Office ou Powerpoint. Se for o seu caso, está perdendo a chance de usar esse espaço de forma mais estratégica, selecionando suas principais aptidões ou, ainda, aquelas conectadas à sua área de atuação, seu título e seus interesses.

- Recomendações: as recomendações trazem bastante credibilidade ao seu perfil, mas saiba que elas não necessariamente precisam vir de um chefe. Peça aos seus colegas de projetos, trabalho, professores, mentores ou qualquer pessoa que teve alguma experiência acadêmica ou profissional com você. Uma boa maneira de demonstrar gratidão a quem contribuiu para a sua carreira é criar uma recomendação para ela, isso gera engajamento e aumenta suas chances de receber outra de volta.

- Você ainda pode inserir itens como Educação, Trabalho voluntário, Cursos técnicos, Cursos livres, Idiomas, Publicações, Prêmios, Certificações ou quaisquer outros que julgue pertinente.

  ◊ Tenha especial atenção aos seus interesses na rede. Grandes empresas, influenciadores (top voices) e instituições de ensino nacionais e internacionais, todos estão gerando conteúdo construtivo e divulgando vagas dia a dia. Consultorias geralmente apontam cases, estudos, indicadores e tendências de comportamento do consumidor, e tudo isso dá a você uma visão 360 graus do mercado. Aqui pode ser um excelente lugar para acompanhar essas mudanças e transformações digitais não só da sua área, pois para ser um profissional competitivo não basta conhecer apenas o seu segmento. Assim como o Instagram o mantém atualizado sobre os seus amigos, o LinkedIn coloca você no centro desses conteúdos de qualidade.

É importante que haja compatibilidade e alinhamento entre as seções do seu perfil. Conforme o recrutador vai lendo, é necessário que as ideias se intensifiquem gradual e progressivamente. Suas habilidades são traços que vão reforçar o que foi dito nas experiências, no campo "sobre" e no subtítulo escolhido. Tudo precisa se comunicar bem, assim como em suas outras ferramentas de apresentação (currículo, portfólio e videocurrículo). Seu posicionamento profissional é construído pela repetição: informação reforçada e coerente no seu discurso.

E caso haja interesse em aplicar para multinacionais ou se cogite uma transição internacional, é imprescindível que sua página esteja em português e inglês; a plataforma oferece opção de criar o perfil em mais de uma língua.

Expansão da rede de relacionamentos

Depois de ter o perfil bem preenchido, agora é a hora de começar a expandir a sua rede de relacionamentos. Como falei anteriormente, um dos maiores benefícios do LinkedIn, na minha opinião, é ajudar a criar um ativo de relacionamento e cultivá-lo. Por isso, é MUITO importante que você adicione todas as pessoas que passarem pela sua trajetória, tanto na sua vida acadêmica quanto na profissional, além de profissionais que você admira e tem interesses em comum.

Não confunda essa plataforma com Instagram ou Facebook! Se você só está adicionando pessoas conhecidas ou melhores amigos, está perdendo a chance de usar a plataforma de modo estratégico.

Nunca se sabe o dia de amanhã, no futuro essa pessoa pode abrir portas, indicar você para uma vaga que quer muito ou contratar seus produtos/serviços. Se cuidar desse ativo no LinkedIn, você consegue acompanhar sua trajetória, saber em que empresa trabalhou, qual trabalho está fazendo e nunca perder esse contato de vista.

Então, pare de perder tempo e não tenha vergonha. Comece a adicionar hoje mesmo todas as pessoas do seu ambiente de trabalho, da faculdade, amigos de escola e professores. Ao tê-los como contato, é possível interagir, acompanhar as movimentações de carreira e ser sempre lembrado pelo seu ativo de relacionamento.

Seguem alguns exemplos de mensagem que podem ser enviadas após o aceite da sua solicitação:

> **Olá, XX, como vai?**
> **Agradeço a conexão.**
>
> **Vi que trabalhamos na mesma área. Caso tenha interesse em qualquer ajuda ou troca de conhecimentos, estou à disposição.**
>
> **Uma boa semana.**
> **Abraços, seu nome**

> **Olá, XX, tudo bem?**
> **Agradeço a conexão.**
>
> **Acompanho suas publicações e gosto/aprecio muito como aborda o assunto XXX (demonstra que você visitou o perfil da pessoa, o que é visto com bons olhos).**
>
> **Uma boa semana.**
> **Abraços, seu nome**

> **Olá, XX, como vai?**
> **Agradeço a conexão.**
>
> **Vi que você fez uma transição de carreira da área XX para a área XX. Como estou fazendo a mesma movimentação, gostaria de obter algumas dicas e insights. É possível?**
>
> **Uma boa semana.**
> **Abraços, seu nome**

LEMBRE-SE! Personalize a mensagem que vai enviar para cada pessoa tentando encontrar um ponto de identificação pessoal com aquele contato. Além disso, saiba que a primeira mensagem é de networking, não peça ou tente vender nada, nem mande seu currículo.

COMO GERAR CONTEÚDO E AUMENTAR A SUA COMUNICAÇÃO COM O MERCADO

Depois de preencher o seu perfil corretamente e expandir sua rede de relacionamentos na plataforma, chegou a hora de começar a produzir conteúdo. Essa é uma das melhores formas de aumentar sua comunicação com o mercado, ser visto e lembrado pelo seu ativo de relacionamento.

Existem três principais formas de gerar conteúdo:

1. Criar sua postagem

Você pode criar posts e adicionar fotos, vídeos, links, documentos, enquetes e textos sobre qualquer fato oportuno que se relacione de algum modo com sua carreira ou seu desenvolvimento pessoal.

Você pode compartilhar:

- Conteúdos sobre carreira e mercado de trabalho que julgue interessantes.

- Conteúdos relacionados à sua área de atuação. Esteja sempre atualizado e atualizando as pessoas da sua rede!

- Orientações e dicas sobre livros, filmes, Ted Talks, podcasts, vídeos no YouTube, workshops, lives, webinar e cursos.

- Projetos antigos e fotos de entregas que já aconteceram e dos quais você se orgulha.

- Sua rotina de trabalho, estudo, faculdade e lições aprendidas no seu dia a dia.

Mas vale relembrar que essa é uma rede profissional, sua credibilidade está intimamente ligada à sua postura. Pode até ser algo descontraído e com linguagem coloquial, mas o tema não deve se afastar muito da sua carreira ou do mercado. Gere um material que faça as pessoas se lembrarem de você profissionalmente, como você quer ser lembrado. Ele tem o poder de tendenciar para o seu ativo de relacionamento quem você é, demonstrar sua intenção profissional e, mais ainda, atrair oportunidades até você.

2. Escrever um artigo

No caso do LinkedIn não há necessidade de os artigos serem apenas no formato acadêmico, robustos e com referências bibliográficas. Você pode simplesmente escrever sobre uma paixão ou algum assunto que ache pertinente. Isso vai projetar seu nome para o mercado. Existem casos de pessoas que viraram influenciadoras depois de terem escrito artigos que viralizaram.

Dicas para o seu texto:

- Escolha a temática, relacionada a sua área de atuação, experiências, dicas, novidades etc.

- Realize pesquisas, informe-se sobre o que vai escrever, busque referências que o auxiliem.

- Defina um título claro e atrativo.

- Elabore um roteiro do seu artigo, estruturando todos os pontos que você deseja abordar.

- Faça uso de subtítulos que chamem a atenção do leitor. Eles deixarão seu artigo mais organizado e claro.

- Referencie suas ideias, citando autores, dados, casos e personalidades por links;

- Complemente seu artigo com elementos multimídia.

- Desenvolva uma capa para o artigo; quanto mais visual, maior seu potencial de atrair leitores e interessados.

- Adicione hashtags que tenham alguma relação com o conteúdo abordado.

3. Compartilhar posts de terceiros

Esse é o meio mais fácil de criar um conteúdo. Apesar de esse formato não gerar tanto alcance e engajamento para o seu post como os anteriores, ainda assim faz com o que seu nome seja visto e lembrado pela sua rede. Por isso é tão importante na parte de "Interesses" seguir perfis de influenciadores, instituições de ensino, empresas e formadores de opinião. Normalmente, eles são ricos em informações e você pode se valer delas para compartilhar com a sua rede. É possível repostar recomendando a leitura ou dar seu parecer sobre a postagem em questão.

> **Não faça apenas marketing barato.**

Na hora de gerar material próprio, muita gente erra e faz apenas marketing pessoal. Postar o certificado de um curso recém-concluído ou comunicar que acabou de ler determinado livro não agrega valor. Ao criar um post sempre se questione: o que o leitor está aprendendo com isso?

Sempre pense se o que está compartilhando agrega algum valor para o leitor, pois é assim que você vai, de fato, aumentar a sua autoridade e ser lembrado por aquela temática com a sua rede. Em vez de apenas citar que acabou de fazer determinado curso, compartilhe alguma reflexão, um insight ou indicador que o surpreendeu. Trazer conteúdo à sua postagem faz ela parecer mais interessante aos olhos de quem lê, e o objetivo é que quem está lendo saia com alguma informação que não tinha antes.

DICAS DE FORMATAÇÃO DO SEU TEXTO PARA AUMENTAR O ENGAJAMENTO

- Sempre comece com um título que chame a atenção, que seja uma provocação e deixe sua rede curiosa e interessada no assunto. Tente ser o mais criativo e autêntico possível!

- No corpo do texto utilize parágrafos curtos, de no máximo quatro linhas, sempre deixando um espaço entre eles para que a leitura fique mais fluida e visualmente organizada.

- Demonstre consistência e conhecimento sobre o que escreve. Cite autores, referências e exemplos sempre que necessário, isso agrega valor.

- Ao encerrar sua postagem, faça alguma pergunta que provoque os leitores, para incentivá-los a interagir e, de fato, se engajar com aquele material. Por exemplo:

  "Você concorda com o posicionamento X?"

  "Qual é a sua opinião sobre isso? Conta aqui nos comentários!"

  "Quer saber mais ou tem alguma dúvida?"

  "Você tem alguma experiência para compartilhar em relação a isso?"

LEMBRE-SE!

- Traga a sua verdade. Quanto mais original e atual sua publicação for, mais as pessoas vão se interessar e compartilhar, gerando maior engajamento, o que é ótimo!

- Quais são os insights gerados? Vou causar uma impressão positiva naqueles que porventura optem por consumir tal informação? Como eu serei lembrado pelo post?

- Conte experiências suas ou de pessoas que você conhece e que podem inspirar e incentivar a sua rede.

CASE

Eu passo grande parte do tempo utilizando a plataforma, mas, entre várias alternativas, resolvi contar um caso que aconteceu comigo mesmo. Apesar de já estar empregada na ocasião, nunca perdi o bom hábito de ficar sempre atenta às novas oportunidades. E o que aconteceu foi que, como de costume, após me candidatar a uma vaga em uma grande distribuidora de combustíveis, pesquisei o nome da empresa na busca do LinkedIn e vi que uma das conexões era uma ex-colega de faculdade. Nós nunca fomos muito próximas nem sequer éramos da mesma turma, mas, como já mencionado aqui no capítulo, nessa ferramenta vale a pena ter contato com o máximo de pessoas da sua área e que passaram pela sua trajetória, não apenas os amigos. Não deu outra! Mandei uma mensagem falando: "Olá, tudo bem? Quanto tempo! Espero que esteja bem. Então, vi essa vaga na sua empresa que me interessou bastante. Está muito alinhada com o que venho buscando na minha carreira e queria saber se você poderia ajudar me indicando internamente." Pouco tempo depois ela me retornou, bastante simpática, dizendo que iria me ajudar e que, inclusive, a posição era para a gerência dela. No mesmo dia o RH entrou em contato comigo, iniciei o processo seletivo e menos de uma semana depois eu já estava trabalhando na empresa. Ou seja, dois importantes ensinamentos nesta minha história são: mesmo que você já esteja trabalhando, nunca se feche para as oportunidades, esteja sempre atento ao mercado. E por fim, se não tivesse um perfil ativo desde a época da faculdade, com o cuidado de adicionar todos que passaram pelo meu caminho, eu não teria conseguido essa indicação. Eu poderia até alcançar a vaga, mas com certeza esse trajeto seria bem mais longo e árduo.

DEPOIMENTO: A PROVA DE QUE LINKEDIN NÃO É SÓ PARA AMIGOS

> "Tive a iniciativa de usar o LinkedIn para me conectar com pessoas estratégicas, e isso foi crucial para conseguir a vaga de estagiária nessa multinacional.
>
> Já havíamos trabalhado o posicionamento do perfil, mas o grande diferencial foi minha iniciativa de pesquisar o nome, entrar em contato com o gestor dessa vaga e adicioná-lo à minha rede. Depois que aceitou a minha conexão, utilizei uma abordagem adequada e enviei uma mensagem em que me apresentei brevemente e reforcei meu interesse na posição. Hoje, vejo que essa atitude proativa foi determinante para alcançar meu objetivo.
>
> Outro ponto importante da minha mentoria foi aprender a ver o lado positivo de chegar até o final de um processo seletivo e não passar. Quando não somos selecionados focamos sempre na parte ruim, que é não ter passado; quase ninguém percebe que, quanto mais longe se chega nesses processos, é sinal de que os avaliadores gostaram do seu perfil. Talvez não exatamente para aquela vaga, mas sem dúvida é sinal de que estamos cada vez mais preparados.
>
> Danieli Mollardi, mentorada e estagiária de contabilidade da Elecnor"

PORTFÓLIO

Produto indispensável aos profissionais de áreas mais criativas, os portfólios para elas têm um peso tão importante quanto o currículo. É uma chance de mostrar seu processo de criação e resultado de alguns dos seus projetos.

Assim como o currículo, sempre que estiver aplicando para uma vaga específica, personalize seu portfólio. Ou seja, escolha aqueles trabalhos que estejam mais alinhados com o estilo da empresa em questão. Recrutei muitos anos na área de design para as melhores marcas de moda do mundo e sempre falávamos que mais vale ter um documento de poucas páginas que compartilhe menos trabalhos, mas todos alinhados com o que está sendo buscado. Já vi diversos profissionais serem desclassificados por terem documentos de trinta páginas com pontos importantes e outros nem tanto.

Lembre-se de ter dois documentos separados, nunca coloque o currículo e portfólio em um mesmo arquivo e sempre tenha o portfólio online. Outra ótima maneira de compartilhar seus trabalhos é em redes sociais como Instagram e Pinterest. Já recrutei diversos profissionais da área por essas plataformas.

Caso ainda não tenha um portfólio que realmente o diferencie dos demais, que tal fazer trabalho voluntário? Muitas ONGs e institutos precisam de ajuda e você pode oferecê-la em troca de divulgação. As tarefas pro bono ajudam você a ganhar experiência e, em geral, oferecem mais liberdade criativa, podendo envolvê-lo tanto na execução quanto no planejamento de estratégias.

CARTA DE APRESENTAÇÃO

Por fim, vamos falar sobre essa ferramenta que serve de complemento ao currículo. Ela pode ser, ou não, exigida pela empresa para a qual estamos aplicando e, independentemente da situação, precisa ser o mais sucinta possível. É um meio de causar uma boa primeira impressão aos recrutadores. Como uma sinopse que desperta a vontade de assistir a um filme, uma boa carta de apresentação faz com que o entrevistador queira conhecer o seu currículo completo.

Ela deve destacar apenas suas principais competências pessoais e profissionais, logo: seja claro e objetivo. Mas como é possível me vender bem em tão pouco espaço? Listo aqui alguns segredos que podem mais uma vez colocar você uns passos à frente:

- Grau de formalidade: como qualquer via de comunicação profissional, siga a norma formal da língua. Gírias e abreviações são mal vistas, e conhecer o perfil da empresa pode ser muito útil. Alguns segmentos possibilitam a você muito mais flexibilidade na hora de se colocar. Nem preciso dizer que erros de português não costumam ser tolerados.

- Conheça o cargo e a empresa: demonstre que buscou informações, tenha isso em mente quando estiver redigindo sua carta. Use as palavras e expressões-chave para fisgar a atenção do leitor, alinhando inclusive a descrição da vaga com suas experiências anteriores. Aqui também vale explicitar o que você pode agregar para a empresa e não apenas o contrário.

- Resolva tudo em apenas uma página, e lembre-se de personalizar seu texto para a vaga em questão, demonstrando que tem os pré-requisitos necessários.

Carreira e recolocação!
Manda aíííí! 👇

Conforme vamos evoluindo na carreira, na hora de explicar o currículo, o que passa a ser crucial apresentar?

RESULTADOS

Com certeza, isso é o ponto mais crucial. Quanto mais sênior o perfil, mais buscamos avaliar os RESULTADOS, cases de sucesso dessa pessoa, sejam eles qualitativos, sejam quantitativos.

O que esse profissional conquistou, construiu ao longo do tempo? Buscamos essa resposta de uma forma mais TANGÍVEL.

E, claro, não podemos parar de estudar nunca mais life long learning. Então, é importante continuar investindo em cursos, especializações e manter sempre o currículo atualizado nessa questão também.

capítulo 5

ENTREVISTA COM RESULTADO

Vamos acabar com o medo de entrevistas? Pois bem, basta preparação e treino. Vejo muitos candidatos tensos, apavorados com essa etapa e acredito que a falta de confiança venha do fato de não saberem se preparar. Quando você se planeja, adquire mais conhecimento do que pode estar por vir e isso impacta a sua confiança para a entrevista. E confiança, nesse momento, é tudo. Com base nessas informações, este capítulo tem o objetivo de munir você de orientações práticas, ferramentas e cases para arrasar nas próximas entrevistas.

A essa altura do campeonato você já está cansado de saber que todo o seu material de apresentação precisa estar alinhado entre si e com a vaga, o mesmo valendo para seu discurso nas entrevistas e dinâmicas. É muito importante usar palavras e processos-chave e adaptar as experiências, relacionando-as não só com o cargo ofertado mas também com os valores e princípios da empresa. Ao conhecer a cultura dessa organização e mostrar familiarização com o seu público consumidor, o candidato demonstra seu alto grau de motivação.

Fuja das respostas prontas e dos clichês! Muita gente perde ótimas vagas por não estar preparado, por não saber passar seu posicionamento de forma clara, assertiva e com qualidade. Pense que quem o está entrevistando ouve diariamente um discurso muito parecido, então eles estão atrás do diferencial. E, ao responder a uma simples pergunta, uma quantidade enorme de itens será avaliada: seu poder de síntese, lógica, capacidade de se vender, saber se comunicar, como usar a linguagem não verbal e até mesmo sua habilidade de representar a empresa em uma oportunidade futura.

Os processos seletivos costumam ser compostos de duas modalidades de abordagens. Uma delas é aberta: normalmente em etapas iniciais com profissionais de RH e perguntas mais abrangentes e comportamentais, nas quais você precisa desenvolver seu storytelling, contando cases com início, meio e fim. Mais adiante, em geral na presença de gestores, a abordagem fechada, com questionamentos de caráter mais específico, em que o candidato tem a chance de mostrar seu conhecimento técnico. Na minha visão como recrutadora, percebo que a primeira, com questões mais gerais, costuma ser a mais perigosa. Vejo que muitos pecam nesse ponto, pois começam a falar sem foco e se perdem no próprio discurso. Ela é o funil que já elimina a grande maioria dos candidatos.

Para começar, vou compartilhar com vocês algumas premissas que acho extremamente importante levar em consideração quando falamos de entrevistas; elas estão relacionadas com os principais erros que vejo acontecer no mercado:

1. **"Não vá para a entrevista querendo convencer que você é bom, é preciso convencer que você é bom para aquele CARGO daquela EMPRESA e naquele MOMENTO."**

   Essa, para mim, é a premissa mais importante de uma entrevista. Se eu tivesse apenas três minutos para dar uma dica, falaria a frase anterior. Muita gente vai para essa etapa querendo convencer que é bom, e sabe o que isso vai adiantar? NADA. Já cansei de entrevistar profissionais que, de fato, são muito bons. Têm uma trajetória incrível, convencem que são profissionais maravilhosos, mas não me convencem de que são a melhor opção para cuidar dos processos e rotinas da vaga que estou ofertando naquele momento. É preciso demonstrar que é o mais adequado para aquele escopo em questão.

   Você deve estar se perguntando: beleza, mas como eu posso fazer isso? É preciso personalizar seu discurso desde o primeiro momento, quando começa a se apresentar, conectando sua história ao que está sendo pedido, destacando sua experiência e lincando com processos e rotinas exigidos pela vaga. Por isso é tão importante prestar atenção na descrição do cargo, pesquisar, estudar sobre a empresa e tentar entender ao máximo o dia a dia daquela posição em questão. Lembre que familiaridade vende adaptabilidade; quanto mais familiarizado estiver, melhor será seu discurso de que você é o match perfeito para a vaga.

   Muita gente me fala: "Poxa Mari, senti que mandei tão bem na entrevista, saí com a melhor sensação do mundo, mas não passei, não entendo por quê." Você já se sentiu assim? Então, se saiu da entrevista com essa sensação, provavelmente essa foi, de fato, uma boa entrevista. O papo fluiu, o entrevistador conseguiu enxergar suas habilidades e conhecimentos. Mas muitas vezes, mesmo depois de uma boa entrevista, podemos ter um retorno negativo. Se isso aconteceu com você, repense se não foi esse o motivo, se você convenceu que era bom profissional, mas não convenceu que era adequado para aquela vaga e aquela empresa.

Listo aqui também alguns outros potenciais motivos para não passar:

- Mentir no currículo ou material de apresentação.

- Fit cultural: quando se tem a percepção de que suas características não são adequadas à cultura da empresa.

- Falta de conhecimento do setor e empresa.

- Falar mal de experiências anteriores.

- Não se comunicar bem.

- Não se preparar para a entrevista.

- Não saber ouvir.

2. "Entrevista boa é aquela que você consegue antecipar potenciais dúvidas do recrutador."

Quando estou recrutando, percebo que os melhores candidatos são os que terminam de falar e me deixam sem muitas questões. Construir uma narrativa que já inclua respostas para esses questionamentos que possam surgir, além de tornar sua entrevista mais fluida, pode evitar o foco em perguntas "delicadas". Por exemplo, uma dúvida recorrente é o motivo de você ter saído de determinado emprego, logo, insira isso no seu storytelling antes de ser questionado. Mesmo se tiver sido desligado da empresa, é possível demonstrar ao entrevistador que, após sua saída, você ainda mantém um bom relacionamento com a equipe, que é grato pela oportunidade dada pela empresa e que preserva o contato com esses antigos colegas. Caso tenha saído por causa de uma reestruturação, que essas portas continuem abertas para você em oportunidades futuras. Enfim, desde que sejam verdades, você pode moldar esse discurso de modo a contar ao entrevistador exatamente o que ele quer saber. Outra dúvida comum é o fato de existirem gaps no currículo, que são aqueles períodos de transição entre uma experiência e outra.

Compartilho aqui algumas indagações que nós, recrutadores, costumamos ter. Sugiro que você pegue um papel e responda a todas para que possa mapear uma boa resposta e já inserir no seu discurso quando for responder à pergunta "Conte um pouco mais sobre você?"

- Por que você escolheu a sua profissão/faculdade?

- Por qual motivo mudou de emprego?

- Por que aquela área lhe interessou?

- Qual é a sua motivação para querer trabalhar naquela empresa?

- Quais competências técnicas e comportamentais você pode agregar ao cargo?

- Por qual razão ficou um tempo sem trabalhar?

- Qual é o motivo de ter decidido trocar de profissão?

> "Em agosto de 2021 me formei em engenharia mecânica, mudei para Portugal e comecei o mestrado. Na busca por oportunidades de emprego, procurei a mentoria a fim de me preparar para o mercado europeu. Após tentativas sem sucesso, percebi que uma dúvida em comum entre os recrutadores era o fato de estudar e trabalhar ao mesmo tempo, o que lá na Europa não é comum. Ao perceber isso, trabalhamos um ajuste no discurso, em que nos antecipamos a essa dúvida. Eu disse que, apesar de fazer mestrado, conseguiria conciliar ambas as tarefas - já estava habituada a essa rotina no Brasil - e não haveria problema no meu desempenho profissional. Dito e feito, fui contratada no cargo e empresa dos meus sonhos uma semana depois. Esse ajuste no discurso e antecipação do questionamento foi determinante para essa conquista."

Maria Luiza Caldas, mentorada e engenheira mecânica na Toyota Caetano Bus

3. "Destaque seus ativos (forças) e administre seus passivos (fraquezas)."

Entenda uma coisa, o recrutador só vai focar na sua fraqueza se você não o convencer muito bem da sua força. Pense em um produto em que você acredita, ama e usa todos os dias. Concorda que é muito mais fácil vendê-lo para outras pessoas? Pois, quando fala dele, você fala com paixão, acreditando de forma genuína; assim, acaba sendo muito mais fácil convencer o outro. Quando temos de vender algo em que não acreditamos fica mais difícil, não é? É a mesma coisa quando se trata de nós mesmos; o primeiro passo para se vender bem é conhecer as suas forças e comprar para si próprio quem você é. Você só consegue vender aquilo que conhece e no qual acredita. Recomendo, nesse momento, voltar à sua análise SWOT (caso não tenha feito, volte ao capítulo 4 e faça), esse é um exercício crucial. Diante das suas forças, eleja as mais relevantes para aquela vaga – isso é personalizar. Se você se apossar das suas forças, muito bem; automaticamente já estará desviando o olhar do avaliador das suas fraquezas.

4. "Ao terminar a entrevista, anote os seus pontos fortes e potenciais melhorias; isso é decisivo para afinar cada vez mais seu discurso, principalmente no início de carreira."

Outra dica muito útil é a seguinte: assim que terminar uma entrevista, ainda com tudo fresco na memória, anote suas impressões sobre ela. Quais são os pontos de aprendizado e possíveis melhorias, o que você falou que gerou interesse do outro lado, o que sentiu que deu liga? Esse material será precioso na preparação para as próximas etapas desse processo seletivo, pois, mesmo mudando o entrevistador, nas próximas fases você também estará falando com pessoas da mesma empresa, que conhecem aquele ambiente, ou seja, desenvolver esses posicionamentos o coloca em um lugar de destaque e chama a atenção de qualquer um que participe daquela cultura. Isso é ainda mais importante em início de carreira, por estar abordando o mercado pela primeira vez. Munido dessas anotações, você consegue alinhar e afinar seu discurso cada vez mais, a fim de torná-lo mais estratégico para as próximas oportunidades.

5. "Seja você."

As orientações que dou com esse conteúdo têm como objetivo munir você de estratégias, metodologias para potencializar a sua história, para ajudar a contá-la de maneira mais atrativa, mas sem perder a sua essência e a sua verdade. Percebo que estamos caminhando para um mercado cada vez mais atento e preocupado em conhecer você, a sua pessoa, a sua unicidade e o que o difere dos demais. Então, seja também autêntico, natural, leve, engraçado e não tenha medo de sorrir nas entrevistas. Apesar de toda a técnica, acho importante dar o seu tom, falar a sua verdade, o que você acredita e o que o faz feliz. Compartilhe o que você ama fazer e faz seus olhos brilharem. Nada conquista mais a atenção do que quando falamos sobre as nossas paixões; a energia muda, pois sentimos verdade no discurso. Não deixe de compartilhar isso também.

DEPOIMENTO: ENTREVISTA PELA ÓTICA DE UMA GESTORA

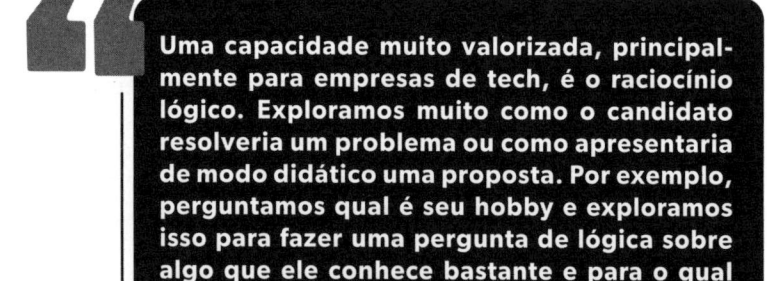

Uma capacidade muito valorizada, principalmente para empresas de tech, é o raciocínio lógico. Exploramos muito como o candidato resolveria um problema ou como apresentaria de modo didático uma proposta. Por exemplo, perguntamos qual é seu hobby e exploramos isso para fazer uma pergunta de lógica sobre algo que ele conhece bastante e para o qual ainda não tenha uma resposta pronta.

Se ele gosta de vôlei, perguntamos quantos saques tem em uma partida. Queremos saber como o candidato se vira para responder.

Também presto muito atenção se ele de fato pesquisou sobre a empresa e área. Mesmo que não tenha experiência nenhuma, é importante ver que existe esse interesse. Se não achou informação suficiente buscando na internet ou perguntando para pessoas conhecidas, aproveite a entrevista e pergunte! Questione como vai ser seu dia a dia, o que esperamos daquela posição e quais seriam suas metas. Adoro quando as pessoas me fazem perguntas que mostram que elas estão realmente preocupadas com a empresa em que estão entrando e com o papel que vão desempenhar.

Hoje em dia, sinto que os jovens não estão "apegados" à empresa. Pensam que vão testar e, se não der certo, em alguns meses eles mudam. Todavia, continuo não vendo com bons olhos candidatos que tiveram experiências muito curtas e rasas, pois mostra que não concluíram ciclos, não tiveram tempo de amadurecer na função, entregar algo concreto e deixar sua marca. É importante ver que o candidato tem resiliência, é maduro para entender que dificuldades podem ser superadas. Não estou dizendo que você precisa ficar se não se identificou com a empresa e valores, ou se odiou a área. Mas se fez isso duas, três vezes, significa que não estuda bem onde está entrando. É importante saber que vou poder contar com aquela pessoa na minha equipe e que ela será resiliente a ponto de superar alguns problemas para entregarmos algo maior posteriormente.

Amannda Dacache, mentorada e gestora VTEX

Top três pilares das entrevistas

Ao longo dos anos em que estive entrevistando, cheguei à conclusão de que quase toda seleção é composta de três principais pilares: EXPERIÊNCIA, MERCADO e MOTIVAÇÃO PARA A VAGA. Todas as entrevistas de que participei, tanto como recrutadora quanto candidata, passam por esses temas que são tão importantes. Ter isso muito bem estudado vai ajudar você na construção do discurso e pode significar mais de 60% da sua chance de passar para uma próxima fase. Então, quando me perguntam: "Mari, tenho uma entrevista amanhã o que eu faço?" Minha resposta é: pega um papel e uma caneta, divide a folha em três colunas e se prepara com foco nos pilares a seguir.

Experiência

Em mais de uma situação ao longo desses capítulos, já reforcei que sai na frente quem tem história para contar. Pois bem, o primeiro passo é buscar essas experiências relevantes, mas a tarefa vai além, é preciso ser criterioso também na hora de contá-las.

Utilizar as técnicas certas pode conectar você com o ouvinte, gerar identificação e transformar uma simples narrativa em um relato inesquecível.

Uma vez dominado, esse método será útil por toda a sua trajetória, pois possibilitará a você dar uma nova roupagem a qualquer que seja o tema. Ainda que ele esteja desgastado, é possível imprimir uma perspectiva única, a sua.

> **Conte um pouco mais sobre você?**

Por mais batida e simples que essa pergunta pareça, arrisco dizer que é uma das mais, se não a mais, relevantes da sua entrevista. Ela é importantíssima e fornece um vasto material para o seu avaliador. Nessa resposta, avaliamos sua habilidade de comunicação, seu pensamento lógico, autoconhecimento, capacidade de estruturar um discurso, entre outros. E como normalmente é feita no início da conversa, de fato, essa é a primeira impressão que estará passando para os entrevistadores.

Certa ocasião, eu estava sendo treinada em uma startup na qual atuei como recrutadora e meu chefe fez a seguinte provocação: "Se um candidato não sabe falar bem sobre si, que deveria ser a coisa mais fácil visto que é o que ele mais conhece, como vai falar sobre e representar bem a minha empresa ou o meu produto?" É a mais pura verdade.

Para responder de maneira assertiva e estratégica, leve em consideração esses pontos no seu discurso:

- Seja assertivo, o segredo está em fazer uma boa curadoria da sua história. Temos muitas coisas para contar, eu sei, mas para ser estratégico você não pode falar tudo. Então, compartilhe somente aquilo que você entende como o mais importante para aquela posição, daquela empresa, naquele momento, sempre fazendo conexões no discurso com a vaga aplicada.

- Um bom storytelling precisa ter início, meio e fim. Muitos se perdem pelo caminho. Cuidado para não exagerar na história, você precisa passar a mensagem em um tempo adequado. Tenha foco para chegar na conclusão.

- Não explique todos os processos de que você cuida, apenas mencione-os. As pessoas se perdem justamente por esse motivo ao contarem sua história. Por exemplo, evite mencionar: "Na experiência X eu cuidava da emissão de notas fiscais e gestão de planilhas de contas a pagar e a receber." Muitos querem explicar no detalhe cada ponto desses, assim sua história ficará enorme e você nunca conseguirá chegar ao final.

- Sempre que possível, compartilhe resultados, conquistas e cases reais das suas experiências para que possam tornar a sua entrega tangível.

- Atenção à PERSONALIZAÇÃO para cada entrevista. Entenda quais são as principais habilidades técnicas e comportamentais da vaga e conecte com o seu perfil.

- Seja leve, aja com naturalidade, seja você mesmo.

Quando temos o objetivo de passar determinada mensagem, é preciso valorizar um bom desfecho e uma estrutura lógica, não necessariamente cronológica, mas organizada com início, meio e fim, além de elementos como personagem, ambiente, conflito e mensagem.

Mercado

O segundo pilar trata do mercado. É muito importante você demonstrar uma visão macro, 360 graus da empresa que você está aplicando e analisar os ambientes interno e externo. Por esses motivos, nunca vá para uma entrevista sem estudar sobre estes pontos:

- **SETOR**

  Demonstre conhecimento sobre o setor em que essa empresa está inserida, se é indústria ou serviço. Entenda quem são seus concorrentes e estude-os; tenha em mente os principais nomes, procure saber se há algum fator político, climático e econômico que pode estar afetando aquele negócio no presente ou a curto prazo. Outra análise importante que pode ser questionada pelo mercado é como a pandemia e/ou a guerra afetaram aquele negócio ou setor, quais foram e estão sendo os impactos no negócio? O nível desse entendimento pode ser o seu diferencial nas entrevistas, destacando você dos demais candidatos.

- **EMPRESA**

  Pesquise a história da empresa e a vaga. Não deixe de olhar o website, as redes sociais, e lembre-se de que muitas dessas empresas também têm Twitter e Instagram. Ela própria vai oferecer todo o material necessário para sua pesquisa. E destaco aqui o LinkedIn como uma poderosa fonte de conteúdo, pois nele você pode também visitar os perfis de parceiros e colaboradores. Na parte de "descrição do cargo", você pode conhecer mais e se familiarizar com o dia a dia da área de atuação e da corporação. Procure saber também sobre o presidente da empresa, entenda quais são os produtos, serviços e preços de venda ofertados por ela.

- **CLIENTE**

Entender quem é o cliente da empresa e como ela ganha dinheiro é crucial para você se destacar como profissional. Todo negócio trabalha para um ou uma rede de clientes, portanto é extremamente importante entender quem são eles. É pessoa física ou jurídica? Para quem essa firma trabalha? Quem é a persona? Quais são as características e seu estilo de vida? Saiba descrever esse consumidor, dê características, ilustre um personagem; dessa forma, você vai mostrar que o conhece, que ele é familiar. Portanto, podem contratá-lo, pois você terá facilidade em se adaptar a ele.

- **ÁREA DE ATUAÇÃO**

Para qual área você está aplicando? RH, comercial, logística? Independentemente de ter ou não experiência, é muito importante pesquisar e procurar saber mais sobre ela, sobre as rotinas daquele departamento e sobre o que você vai cuidar. Se você conhece alguém que trabalha nessa área, ligue e peça que conte um pouco do seu dia a dia. Reforço a importância do campo "descrição do cargo", pois é nele que você pode conhecer mais essa rotina.

Motivação para a vaga

E por fim, mas não menos importante, a sua motivação. Costumo dizer que essa é a segunda pergunta mais relevante: "Por que você quer trabalhar aqui"? Pois é nessa resposta que nós, recrutadores, temos a chance de identificar se você tende a ficar um mês ou um ano naquela posição. Nenhuma empresa quer contratar um profissional, investir tempo e dinheiro para ele entrar e sair em um piscar de olhos. Por isso, esse questionamento é tão importante e observado nos processos seletivos. E sabe qual é o grande problema? A maioria dos candidatos responde de maneira muitíssimo superficial, como:

Quando escuto uma resposta dessas, que não me convence em nenhum grau, logo penso: "Beleza, com essa resposta você poderia trabalhar aqui e em outras quinhentas empresas que também são multinacionais e com possibilidade de crescimento." O grande lance dessa pergunta é: POR QUE ESSA E NÃO QUALQUER OUTRA DO MERCADO? Para responder-lhe de maneira intrínseca e convincente de fato, você precisa achar um ponto de identificação pessoal SEU com aquela EMPRESA.

Onde seus princípios, valores, propósito, cultura, o que você acredita sobre o mundo, sua história pessoal e profissional se conectam com aquela instituição? É preciso achar essa conexão; quando você encontra, de fato estará falando algo que vai refletir sua motivação para aquela vaga.

Para achar essa resposta, é preciso fazer muito bem o trabalho do pilar anterior, referente ao mercado. Porque é com as pesquisas sobre a empresa, análise dos clientes, consumidores e competidores da marca, estudos da história, missão, valores e propósito que você consegue achar esse ponto de identificação com a sua história.

ENTREVISTA POR COMPETÊNCIA

Esse tipo de entrevista está se tornando cada vez mais comum nos principais processos seletivos do mundo, em grandes empresas como a Uber, Bat e Google. Nessa modalidade de abordagem, os avaliadores estão com a atenção focada em três itens: conhecimento, habilidade e atitude. Ou seja, eles colocam situações ou pedem exemplos de cases práticos nos quais se pode avaliar o conhecimento técnico (o saber) e a habilidade comportamental (o saber fazer acontecer) dos candidatos.

E para não ser pego de surpresa, antes de qualquer entrevista já pense em perguntas hipotéticas e anote cases, seguindo esse formato de resposta. Listo alguns exemplos de perguntas divididas por competências:

Exemplos de perguntas para identificar LIDERANÇA:

- Conte sobre uma situação em que dependia do time e como fez para motivar essas pessoas na entrega de resultados.

- Lembra alguma reunião em que teve de se posicionar rapidamente e se sua comunicação foi eficaz? Conte o fato.

- Cite um projeto que envolvia mais de duas áreas da empresa. Que resultados foram alcançados?

Para identificar FOCO NO CLIENTE:

- Conte um exemplo em que você conseguiu fidelizar o cliente. O que fez para atingir esse resultado?

- Qual foi o cliente mais difícil com quem teve de lidar? O que o tornava difícil? O que você fez para contornar a situação?

- Conte sobre quando reverteu uma má impressão sobre a empresa ou o produto.

Para identificar FLEXIBILIDADE:

- Você já viveu algo que lhe obrigou a mudar repentinamente de ideia? Como se saiu?

- Fale sobre um momento em que precisou assumir a responsabilidade por uma tarefa que não fazia parte do seu escopo de trabalho. Como foi?

- Como você reage a mudanças? Dê um exemplo específico.

Para identificar CRIATIVIDADE:

- Cite uma vez em que se considerou criativo na solução de um problema complexo.

- Fale sobre um projeto em que não havia recursos para realizar a tarefa desejada. O que fez?

Para identificar GESTÃO DE PRIORIDADE/ORGANIZAÇÃO:

- Descreva uma situação na qual foi necessário resolver várias situações importantes no mesmo dia. Como se organizou para isso?

- Conte um exemplo de como organiza suas prioridades pessoais e da sua família.

- Você utiliza ou tem familiaridade com algum sistema de gestão de tarefas? Qual?

Para identificar FOCO EM RESULTADO:

- Dê exemplos de como você verifica os resultados das metas da sua área. E como estabelece o plano de ação para atingi-los?

- Qual foi o último projeto/objetivo que realizou? Como trabalhou para alcançá-lo?

Depois de ler essas perguntas, você deve estar se questionando: "Tá bem, mas como responder a isso ou contar cases de maneira mais estratégica e assertiva?"

Um erro recorrente que observo nessas respostas é ser prolixo demais. Muitas pessoas, quando vão contar um case, acabam se enrolando na própria história e não conseguem chegar ao fim, no resultado, na conclusão. Sua resposta deve ser assertiva, mas coesa, com início, meio e fim.

E para ajudar na construção dessa resposta, podemos recorrer ao **modelo STAR**, um método de construção de narrativa utilizado em escala global e recomendado por grandes empresas, que é focado nos principais pontos:

- **Situação**

Descreva quando se envolveu naquela determinada situação/conflito. A recomendação é ser específico e fornecer detalhes, obviamente sem citar nomes para não expor ninguém. Se sua carreira estiver apenas começando, você pode contar situações ocorridas na faculdade ou em um trabalho voluntário; se já tiver exemplos profissionais, dê preferência a eles.

- **Tarefa**

O segundo passo é descrever suas responsabilidades na situação. O que você tinha de realizar com as pessoas envolvidas no conflito? Qual era a dificuldade: prazos de entrega, comunicação e funções de cada um?

- **Ação**

Aqui você precisa contar que atitudes tomou para resolver a situação e de que forma chegou a esse caminho. Por exemplo: contar que começou tentando identificar o problema, depois percebeu que a questão principal era comunicação e, por isso, chamou o colega para uma conversa individual. Mantenha a resposta focada nas suas atitudes e não nas do colega. A ideia é falar sobre você.

- **Resultado**

O quarto passo é descrever os resultados que alcançou com as ações que já descreveu. Você deve concluir a história e, de preferência, citar dados reais (aumento de vendas, por exemplo, se houver), falar sobre algum feedback que tenha recebido e o que aprendeu com isso.

Esse recurso garante a lógica início, meio e fim, focando também na exposição do resultado.

Seguem alguns exemplos de como aplicar esse tipo de narrativa:

1. Fale sobre alguma situação em que você tenha precisado completar uma tarefa em um prazo apertado.

(SITUAÇÃO) Em uma antiga empresa na qual trabalhei, um colega deixou o emprego dias antes da entrega de um grande projeto. (TAREFA) Fui convidado a assumir uma nova função, com pouquíssimos dias para aprender e concluir o trabalho. (AÇÃO) Criei uma força-tarefa, envolvi a equipe, delegando os afazeres, e conseguimos terminar tudo um dia antes do prazo. (RESULTADO) Achei que o deadline apertado nos obrigou a trabalhar com mais eficiência.

Fonte: vagas.com

2. O que você faz quando alguém da equipe se recusa a completar sua parte no trabalho?

(SITUAÇÃO) Certa vez, por causa de uma discussão relativa à carga de trabalho, duas pessoas do meu time se recusavam a cumprir suas obrigações. (TAREFA) (AÇÃO) Pela proximidade do prazo de entrega, organizei uma reunião de realinhamento de escopo e redistribuição dos afazeres. (RESULTADO) Todos ficaram mais satisfeitos e se sentiram produtivos, então foi possível fazer a entrega dentro do prazo e com qualidade.

Fonte: vagas.com

O importante dessa metodologia é entender e treinar a lógica para estruturar a resposta situacional. Como não podemos prever 100% das perguntas que nos serão demandadas, nosso foco não pode ser decorar essa resposta, mas, sim, entender como estruturá-la para casos com início, meio e fim. Deve-se focar nas informações que são importantes para contextualizar, com assertividade, o que lhe foi proposto. Aproveite para treinar as perguntas apresentadas anteriormente a fim de entender e praticar a construção dessa estrutura lógica.

DINÂMICAS DE GRUPO

Esse formato é mais provável de acontecer nas etapas iniciais do processo seletivo, antes da entrevista com gestores e, de cara, posso afirmar que a pior coisa que pode acontecer aqui é você entrar mudo e sair calado. Quem passa despercebido nessa fase dificilmente vai adiante.

Os pontos principais aqui são POSICIONAMENTO e RELAÇÃO INTERPESSOAL. É preciso que os recrutadores tenham material para se lembrar de você posteriormente. Então participe, posicione-se e agregue em vez de apenas concordar com tudo. Nesse ciclo não há juízo de valor; estamos avaliando aspectos comportamentais, se você tem iniciativa, se é educado, egoísta, como se posiciona, suas atitudes e seu relacionamento com o grupo.

O objetivo desse modelo, ao reproduzir processos e simular problemas em que o candidato precisa usar os sistemas de trabalho, além de checar suas habilidades e verificar como se comporta em diferentes contextos, é analisar suas posturas no trabalho em grupo. Não é somente seu conhecimento e técnica, é preciso que as pessoas tenham vontade de trabalhar com você depois de vê-lo nesse processo de tomada de decisões.

Por exemplo, na hora de falar pela equipe ou apresentar qualquer resultado, muitos candidatos tentam se destacar falando em primeira pessoa, mas se a tarefa foi feita em conjunto isso demonstra um traço forte de individualismo. Preste atenção a essa dica valiosa. Outro ponto importante é que, por haver um número maior de candidatos, o tempo que você terá é diferente do que em uma entrevista individual. Seu storytelling precisa estar adaptado a isso.

ENTREVISTAS REMOTAS, O QUE MUDA?

A pandemia foi responsável por empresas aderirem às videoentrevistas e videoconferências no lugar dos métodos tradicionais. E, mesmo após a flexibilização, muitas têm preferido mantê-las remotamente. Elas são tão formais quanto as presenciais e, por isso, os candidatos devem ter o mesmo tipo de cuidado. Pontualidade, postura, aparência, roupas e maquiagens adequadas que projetem uma autoimagem profissional são desejados. E por utilizarem plataformas como Skype, WhatsApp ou Google Meet, outros quesitos também precisam ser observados. Sua foto de perfil deve seguir os mesmos parâmetros das usadas no LinkedIn. Nada de apelidos no identificador desses aplicativos, apenas nome e sobrenome. E, por fim, mas não menos importante, suas frases de status não podem ter conteúdos ofensivos ou palavrões; se não passam uma boa mensagem, o ideal é deixá-las em branco.

O próximo desafio para os candidatos é a hora de escolher um espaço adequado. A regra é que o ambiente seja o mais similar possível a um escritório, que ele esteja sentado à mesa, com boa iluminação, em um ambiente silencioso e, se não for possível um fundo branco, que não tenha grandes interferências visuais. Fazer testes prévios de áudio e vídeo pode poupar você de situações indesejadas. Um fone de ouvido pequeno e com microfone embutido é o ideal para ser funcional sem chamar a atenção em demasia, e sua câmera deve estar posicionada na altura do rosto, nem abaixo nem acima. Manter o "olho no olho" gera mais proximidade e conexão. Você pode optar, inclusive, por um plano que também mostre parte dos seus braços e mãos ao gesticular.

Evite cafés ou locais públicos nos quais tanto você quanto os entrevistadores possam se desconcentrar do que estão fazendo. Ao fazer muito esforço para prender a atenção, o efeito pode ser o oposto e o avaliador acaba por perder o interesse.

Entretanto, o engajamento do recrutador não passa apenas pelo conteúdo, sua comunicação vocal e não verbal conta muito. Um tom de voz impositivo, que passe confiança e credibilidade, conta muitos pontos; se o seu timbre é mais baixo, pratique essa nova entonação, isso pode ser crucial. No online sua voz ganha mais importância, pois não há a "energia" de estar perto; independentemente de o seu perfil ser mais tímido, expressar-se com clareza e firmeza tem o poder de prender a atenção desse ouvinte.

Uma vantagem das entrevistas remotas é que, por estar em um ambiente seu, você pode ter uma "colinha", um roteiro com os pontos que não podem ser deixados de lado no discurso. Prepare esse script estrategicamente. Tenha em mãos também seu currículo, papel e caneta para anotar possíveis perguntas e fazê-las no momento oportuno. O uso do teclado vai gerar ruídos e, como resultado, prejudicar a concentração de todos. Mas vale avisar ao entrevistador que está tomando notas, assim não corre o risco de parecer distraído olhando para o lado ou para baixo. Seus recrutadores também terão em mãos as próprias anotações sobre você; se não agir de maneira coerente, eles com certeza notarão.

Nessas conferências também é extremamente importante respeitar o momento de expor e defender seus argumentos. No meio presencial fica mais fácil perceber a ocasião certa para se colocar, mas no online a chance de virar uma bagunça é enorme. Para as falas não ficarem truncadas, evite ao máximo fazer interrupções; quando precisar, faça um sinal pedindo a palavra e se pronuncie apenas quando o entrevistador lhe conceder a vez. Seja cortês e interaja com calma e de forma agradável não só com os avaliadores mas também com outros candidatos. Falar demais não é sinônimo de iniciativa e desenvoltura.

E lembre-se de que, pelo vídeo, também é possível perceber um tom otimista, alto astral, com empatia e entusiasmo. Isso conta muito a seu favor.

PERGUNTAS PARA FAZER NO FINAL DA SUA ENTREVISTA

Uma pergunta estratégica final pode deixá-lo em destaque. Questionar, por exemplo, os sistemas e as ferramentas necessárias para desempenhar a função. Demonstrar que já está interessado em começar a pesquisar para adquirir tais conhecimentos. Seguem alguns exemplos de como o candidato pode usar esse recurso da pergunta final:

- Qual é o maior desafio do departamento?

- Você poderia falar mais um pouco sobre as características da equipe com a qual eu vou trabalhar?

- Quais são as tarefas prioritárias para a vaga?

- Você pode falar mais sobre as responsabilidades do dia a dia nesse cargo?

- Como seria um dia típico?

- Qual é o projeto para essa vaga?

- Poderia me informar os próximos passos do processo seletivo?

Transição de carreiras

Para quem busca uma transição de carreiras durante as entrevistas, é preciso passar a ideia de que, apesar de nunca ter atuado, você é flexível e tem habilidades comuns às duas áreas.

Para se preparar, mais uma vez vale a pena fazer pesquisas online de descrições de cargo, analisar as competências requeridas em vagas abertas e perfis do LinkedIn. Tudo isso para encontrar quais habilidades transversais você apresenta com aquela nova posição que deseja e focar seu discurso e as ferramentas de apresentação para destacá-las.

Uma ocupação prévia pode ter desenvolvido traços fundamentais para o seu atual objetivo, logo, sua falta de experiência pode ser atenuada pela familiaridade com o universo e seus processos. Todas essas rotinas precisam estar na ponta da língua.

Acabou a entrevista? Para tudo! Neste vídeo eu conto o que você não pode deixar de fazer assim que acabar a entrevista, que pode ajudar MUITO.

@marianareis.ra

✕

Qual é a sua maior dúvida em uma entrevista?

Em que focar quando perguntam os nossos defeitos?

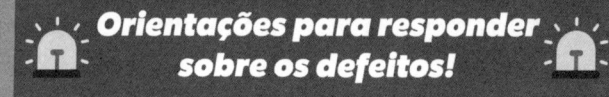

Orientações para responder sobre os defeitos!

1. Escolha pontos fracos reais que sejam cruciais para a vaga – por isso estude a vaga e a descrição de cargo!

2. Não recomendo mencionar perfeccionismo, ansiedade, preocupação. Acho clichê.

3. Afirme o seu ponto fraco, diga que tem consciência de que isso pode prejudicá-lo em curto prazo profissionalmente e, sabendo disso, compartilhe o que você já está fazendo para melhorar.

capítulo 6

CARREIRA COM AUTORRESPON-SABILIDADE

Desde que comecei a trabalhar com essa temática, já realizei cerca de quatro mil horas de atendimento de mentoria e treinei mais de dez mil pessoas. E sabe um ponto em comum entre aqueles que estão frustrados profissionalmente?

Muitos vivem um plano de vida e carreira que é do pai, da mãe, do irmão, do chefe, do amigo ou da própria empresa. Viver no modo "deixa a vida me levar" pode levá-lo para qualquer caminho, você fica sem rumo, e vamos concordar que é impossível ser feliz vivendo um plano que é de todo mundo menos seu, né?

Essa é uma escolha só sua, faça a opção de olhar para sua carreira e entenda que você é o único responsável. Isso é, de longe, uma atitude determinante para o seu sucesso.

Nós passamos a maior parte da vida trabalhando, e o preço que se paga por essa falta de planejamento é muito alto. Sabe qual é? A sua felicidade! Então, não faça isso com você. Não pense que estou aqui querendo romantizar, dizendo que será sempre fácil e que vai conseguir trabalhar apenas com o que gosta. Não é isso! Aquela frase muito conhecida por aí, "Trabalhe com o que você gosta e nunca mais terá de trabalhar na vida", não tem vez aqui, não; desculpe se o desiludo, mas isso não existe. Você pode, sim, trabalhar com o que ama, mas vai ter de trabalhar e MUITO.

Ainda que esteja buscando uma vaga ou vá fazê-lo em breve, nunca esqueça que o primeiro contrato de trabalho que tem de assinar é consigo mesmo! Lembre que o sucesso da sua carreira está muito relacionado com o simples fato de você entender que é o ÚNICO responsável por mudar sua história. Se não fizer o seu corre, ninguém fará por você; se não lutar pela vida que quer ter, terá de aceitar o que vier.

Não transfira a responsabilidade da sua carreira para nenhuma empresa ou instituição

Sabe o que eu vejo acontecer com frequência? O profissional que entra em uma empresa com um bom salário, bons benefícios e se acomoda totalmente nessa situação. Para de crescer, de olhar e testar o mercado, de participar de processos seletivos, não se atualiza, não usa mais o LinkedIn, para de estudar e de investir em capacitações. Se a empresa não paga o curso que quer, ele não investe do próprio bolso porque acredita que isso deva vir do empregador. Esse é o tipo de profissional que chega em uma reunião de feedback e pergunta: O que a empresa tem para me oferecer? Questiona seu gestor: "Que planos tem para mim?" Mas, espera, quem tem de saber o que quer, aonde quer chegar e para onde ir é você, não o seu chefe. Esse tipo de comportamento é a clara constatação de que está transferindo a responsabilidade da sua carreira para a empresa. Se quer ter sucesso e autorrealização sustentável, ou seja, aquela que vai fazer de você um profissional de fato realizado, de dentro para fora e a longo prazo, nunca faça isso. Se está iniciando sua carreira ou mesmo se já tiver alguns anos no mercado, comece a assumir essa responsabilidade. E entenda que seus familiares, amigos e empresa devem assumir a posição de apoiar, mentorar, contribuir e facilitar com o seu crescimento e jornada. Como diz Jim Rohn:

> **Se você não criar o seu plano de vida, as chances são de que você se encaixará nos planos de outra pessoa. E adivinha o que eles planejaram para você? Não muita coisa.**
>
> Jim Rohn

Deixar de ir a uma festa para acordar cedo no dia seguinte ou fazer um treinamento são atitudes que renderão frutos, e só você tem esse poder. Não deixe para cuidar da sua carreira só quando for preciso buscar um novo emprego; para alcançar seus objetivos, suas escolhas também têm de ser diárias.

Respeite as estações

Nossa geração quer tudo para ontem. Quando pedimos um Uber, se o tempo de espera é de 5 minutos, nós cancelamos porque "demorou muito", não é verdade? A tecnologia nos proporciona acesso à informação e uma velocidade de resposta tão altos que nossa tendência é estender essa expectativa a todas as áreas da vida. Mas profissionalmente não é assim, nada acontece em um "piscar de olhos" ou do dia para a noite.

Devemos plantar sementes todos os dias para poder colher no futuro. Contudo, é extremamente importante entender que entre essas duas etapas existe o processo, e é nele que a gente cresce, amadurece, aprende com o erro, acerta, se relaciona, estuda, chora e sorri. Nesse período é que criamos a base que dá lastro e estrutura para a colheita.

Não se precipite. Se colhermos o fruto antes da hora, ele não estará maduro o suficiente, pronto para o consumo. Entenda que tudo que vem antes do tempo vai antes do tempo, cada etapa que passamos tem sua importância e nos prepara para o próximo.

Vejo muitos jovens se precipitando e quebrando a cara porque não respeitam as estações. O melhor que você pode fazer por si próprio é aproveitar, com estado de presença, cada estação! Se agora você está na faculdade, aproveite ao máximo, desfrute todas as oportunidades e experiências acadêmicas que a instituição tem a oferecer, faça contatos e adicione todos no LinkedIn. Depois de entrar no estágio, esteja atento a todos ao seu redor, absorva tudo possível, dedique-se, mostre interesse pelas pessoas, crie relacionamentos e entregue o melhor trabalho que puder. A gente só constrói o futuro com o presente, aproveitando ao máximo o que temos disponível para nós agora. Olhe ao redor e aproveite; quando chegar sua colheita, você estará preparado, de fato, para subir para o próximo nível.

Você nunca vai achar que está pronto

Quando o tema é confiança na carreira, minha experiência pessoal me mostra que esse é um longo processo e que a adquirimos aos poucos, não acontece do dia para a noite. Não teve uma única manhã em que acordei e pensei: "Nossa, hoje estou me sentindo excelente, capaz e pronta para fazer essa palestra ou ministrar um curso." Muitas vezes senti medo, insegurança e não achava que era capaz, mas com o tempo também entendi que só existe um jeito de superar esse sentimento. Está com medo? Vá com medo mesmo, porque você vai passar pela situação e aquilo que era um bicho de sete cabeças o deixará ainda mais forte.

O que você me perguntaria se tomasse um café comigo?

Colocar resultados nas experiências no LinkedIn? Sim ou não?

Com certeza, SIM!

Isso é muito importante e só pode ajudar!

Inclusive, é um dos maiores erros que vejo dos profissionais no LinkedIn: pessoas que não colocam os resultados!

Só não coloque aqueles que são dados/números que você não pode, por algum motivo, divulgar assim tão abertamente em público por alguma questão interna.

Creio que a confiança é composta de três grandes fatores:

Conhecimento técnico: questione-se sobre o quanto você domina o assunto. Está se atualizando constantemente ou precisa estudar mais? É preciso buscar mais sobre determinado tema ou a insegurança está vindo pelo medo de se expor ou estar em contato com algo pela primeira vez? O segundo ponto é o autoconhecimento. Quanto mais você se conhece, melhor percebe seus gatilhos e consegue dar nome às suas emoções. Assim, é capaz de fazer uma melhor gestão desses sentimentos e acreditar mais em si mesmo. E o terceiro, e mais importante na minha opinião, é botar a cara e fazer. Simples assim; quando olho para trás, a forma como mais ganhei confiança foi tomando coragem e fazendo.

Lembro que certa vez, no início da carreira, eu tinha uma reunião presencial com um potencial primeiro grande cliente. Fui à reunião muito nervosa, mas me ofereceram café e, como sou apaixonada pela bebida, é claro que aceitei. Mas minhas mãos tremiam tanto que eu não tinha a menor condição de encostar naquela xícara. Eu tinha duas opções: ou iam me achar doida de pedir o café e não encostar nele, ou iam perceber meu nervosismo e me achariam despreparada. Resolvi não tomar e a conclusão é que consegui o trabalho! Antes das primeiras palestras eu ficava a semana inteira sem dormir e pegava no microfone tremendo, hoje faço quantas apresentações for, tenho reuniões importantes e tomo meu café de boa. Falo isso para mostrar que ninguém nasce pronto. Só aprendemos, crescemos e ganhamos confiança no movimento, na ação, passando pelas situações e nos possibilitando ficar em estado de vulnerabilidade. Esse lugar é onde a gente mais cresce.

Feito é melhor que perfeito

Esse é o lema de Sheryl Sandberg, economista e ex-COO (chief operations officer) do Facebook. Ela é a segunda pessoa na hierarquia da maior empresa de mídia social do mundo e braço direito de Mark Zuckerberg. Ou seja, não espere para se movimentar, não busque o dia e a condição perfeita porque muito provavelmente isso nunca vai existir. Mas, cuidado, também nada pode ser mal feito de propósito.

Depoimento: não tenha medo de ser ousado profissionalmente

> Pessoalmente, sempre tive planos bem definidos, mas ressalto o ingrediente coragem. Apesar de não estar 100% pronta, aplicar para essa vaga na Itália já era um desejo meu e tive a ousadia de encarar um processo seletivo e entrevistas em italiano, mesmo sem dominar o idioma. Fiz um 'intensivão' alguns meses antes de assumir a função e a cada dia me sinto mais apta.
>
> Acredito que, quando estamos totalmente prontos, já é hora de tentar uma nova posição, pois a velocidade com que as empresas crescem hoje em dia é impressionante, em especial no ramo da tecnologia. Muitas vezes, em um ano algumas empresas podem dobrar de tamanho, e nesse caso é imprescindível assumir o risco e encarar projetos, mesmo não estando completamente preparado.
>
> Renata Wichan, mentorada e diretora de marketing na Align Technology, em Milão

Cuide do seu maior patrimônio: você

Muitos profissionais se acomodam e investem seu tempo e energia com dedicação exclusiva em gerir o patrimônio de terceiros, no caso a empresa. Mas se esquecem de administrar o próprio patrimônio. É necessário entender desde o início da carreira que você não é o seu cargo, só está temporariamente nele. Amanhã tudo pode mudar e o nome dessa corporação que você carregava no seu crachá pode desaparecer, só restará uma marca. Você mesmo. E aí, tem cuidado dela?

As pessoas têm de se lembrar de você pelos seus ativos e não pelo nome da empresa em que atua. Lembre que seu valor é maior do que o seu trabalho! Na verdade, ele se baseia no que você é capaz de proporcionar. Portanto, saiba o que pode acrescentar às pessoas e foque sua imagem pessoal nesses atributos.

A diferença entre ser ou não feliz no ambiente corporativo é achar significado no que você faz, o poder financeiro não deve fazer você se esquecer do real motivo que o levou a escolher determinada profissão.

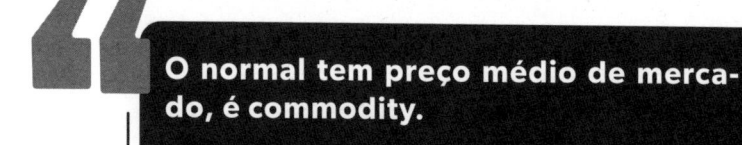

> **O normal tem preço médio de mercado, é commodity.**
>
> Arthur Bender

Não seja um profissional que se contenta em ser mediano; você até pode optar por isso, mas na verdade é um desperdício. Arthur Bender colocou muito bem essa ideia no seu livro *Personal branding: construindo sua marca pessoal.*[12] "Se você se contenta com a média, paciência. Mas há um preço para isso. Sabe qual é? Ter salário médio, visibilidade média, reconhecimento médio, reputação média, bônus médio, uma carreira média, empresa média, vida média. E, o pior, sua segurança também será média. Porque, acredite, os médios nunca estão seguros em lugar algum. Sempre pode surgir uma estrela no seu segmento, e aí sua medianidade ficará exposta. Cuide-se."

Dizer não é mais importante do que dizer sim

Demorei para aprender isso, mas hoje vejo a importância de saber dizer não. Com nossa rotina agitada, muitas vezes com as melhores intenções, dizemos sim para várias pessoas, oportunidades, escolhas, cursos, empregos e festas. E quando saímos do automático e analisamos chegamos à conclusão: "Estou mais longe de onde gostaria de chegar, por que será?" A resposta é simples, muito provavelmente foi pela quantidade de SIM que você deu na sua trajetória, mas que na realidade eram NÃOS para você mesmo.

Pense na quantidade de vezes que você disse sim no último mês. É bem provável que ela seja muito maior do que a de nãos, e geralmente fazemos isso por ser mais cômodo, é bem mais fácil consentir algo do que negar. Mas a questão é: em quantas dessas vezes você analisou se seus atos correspondem aos seus objetivos?

Greg McKeown, autor do livro *Essencialismo*[13], refletiu: "Só quando nos permitimos parar de tentar fazer tudo e deixar de dizer sim a todos é que conseguimos oferecer contribuição máxima àquilo que realmente importa."

---

[12] BENDER, Arthur. *Personal branding: construindo sua marca pessoal*. 17 ed. São Paulo: Integrare Editora, 2009. 272 p.

É sempre importante monitorar se está investindo nas atividades e nos relacionamentos certos. Fique atento para seguir seu propósito e não o fluxo.

Aonde que você quer chegar? Qual é o seu propósito, independentemente de seu prazo ser curto, médio ou longo. Esse propósito é o seu filtro, ele tem de nortear suas escolhas. "Decidir escolher é também uma escolha." Por isso insisto na importância de sempre se questionar sobre suas metas e tomar suas decisões daí então.

O meu até logo!

Caro leitor, muito obrigada pela sua companhia até aqui. Agradeço de verdade, do fundo do meu coração, a sua atenção. E me sinto muito honrada pelos minutos dedicados a esta leitura.

Espero ter provocado e colaborado para o início da sua trajetória profissional. E que, após esta leitura, você se sinta mais seguro para abordar o mercado e iniciar essa jornada. Um novo ciclo vem por aí e ele é repleto de incertezas, mas isso faz parte, não se sinta sozinho. É assim para todo mundo. O desconhecido dá medo, mas esse sentimento vai acabar quando você enfrentar esse mundão e as oportunidades de peito aberto. É preciso começar, não está faltando nada a você, vai lá e faz, bota a cara! Coragem!

Mas, antes de assinar um contrato de trabalho com alguma empresa, gostaria de terminar este livro provocando você a assumir um compromisso. Que tal começar assinando este contrato? O primeiro e mais importante da sua vida, aquele com você mesmo.

---

[13] McKEOWN, Greg. *Essencialismo: a disciplinada busca por menos*. Rio de Janeiro: Editora Sextante, 2015. 272 p.

Contrato de trabalho com a empresa Eu S.A.

1. Desejo que você faça a sua vida profissional valer a pena e que transforme as pessoas e empresas por onde passar. Provoque-os também a serem pessoas e organizações melhores. Seja um agente de mudanças por onde passar.

2. Que você nunca tenha medo de trabalhar com profissionais melhores que você; pelo contrário, cole neles e absorva o máximo de conhecimento, essas pessoas vão elevar você.

3. Compartilhe seu conhecimento. Compartilhar é cuidar, e fazer isso com quem está a sua volta, contribuir com essas trajetórias será extremamente gratificante para você, além de que essas pessoas sempre se lembrarão de você com gratidão.

4. Que nunca pare de fortalecer e investir nas suas forças, lembre-se de que seu diferencial está justamente aí.

5. Que cuide, cocrie e cultive sua rede de relacionamentos. Ela sempre será um dos principais pilares da sua carreira e isso está intimamente relacionado à quantidade e qualidade das oportunidades que chegarão.

6. Espero que você sonhe alto mesmo, tudo começa com uma visão positiva de futuro, com um sonho. E essa é a primeira fase do processo e o direcionador para fazer você alcançar seus objetivos. Se alguém o chamar de maluco ou disser "isso é impossível", essa é a confirmação de que você está mirando o lugar certo.

7. Não se iluda com o online, é no offline que o bicho pega. Sim, a presença online e as mídias sociais são ótimos lugares para divulgar e trabalhar sua marca pessoal. Mas nunca esqueça que nada compensa o olho no olho, o contato pessoal, e o grande e árduo trabalho por trás dos bastidores. No online a vida do outro parece melhor que a nossa, a grama do vizinho está sempre mais verde, mas NÃO SE ILUDA.

8. Que você encontre o seu propósito; se ainda não achou suas respostas é porque não se perguntou o suficiente ou ainda não se fez as perguntas certas, continue se observando e se questionando!

Local e data:

_____

Assinatura

Agora, é com você!

Desejo que você SE APAIXONE PELO SEU PROCESSO. O futuro em qualquer carreira é fazer muito bem o que se faz HOJE, só assim será elegível para oportunidades futuras. Logo, seja você mesmo, mas se provoque sempre para não ser sempre o mesmo. Escolha a vida que quer ter e lute por ela, não aceite viver um plano que seja de todos, menos seu. E lembre sempre que:

CONHECIMENTO – AÇÃO = NADA

O que muda nossa vida são nossas próprias atitudes. Investir em adquirir conhecimento é fundamental, mas é preciso saber transformar esse conhecimento em prática, a AÇÃO é o que vai mudar a sua vida. Portanto, agora é com você; tem um mundo de oportunidades esperando por aí, então se joga, vai lá e FAZ acontecer. Espero vê-lo em breve e que nos esbarremos por aí nessa caminhada profissional. Sucesso!

O que você me perguntaria se tivesse uma mentoria de carreira comigo?

Tô me formando, e agora?

TO ME FORMANDO, E AGORA? TO ME FORMANDO, E AGORA? TO ME FORMANDO,
ORA? TO ME FORMANDO, E AGORA? TO ME FORMANDO, E AGORA? TO ME FORMAND
NDO, E AGORA? TO ME FORMANDO, E AGORA? TO ME FORMANDO, E AGORA? TO M
RMANDO, E AGORA? TO ME FORMANDO, E AGORA? TO ME FORMANDO, E AGORA? T
FORMANDO, E AGORA? TO ME FORMANDO, E AGORA? TO ME FORMANDO, E AGO
ME FORMANDO, E AGORA? TO ME FORMANDO, E AGORA? TO ME FORMANDO, E AGO
GORA? TO ME FORMANDO, E AGORA? TO ME FORMANDO, E AGORA? TO ME FORMA
E AGORA? TO ME FORMANDO, E AGORA? TO ME FORMANDO, E AGORA? TO ME
RMANDO, E AGORA? TO ME FORMANDO, E AGORA? TO ME FORMANDO, E AGORA?
FORMANDO, E AGORA? TO ME FORMANDO, E AGORA? TO ME FORMANDO, E AGORA?
ME FORMANDO, E AGORA? TO ME FORMANDO, E AGORA? TO ME FORMANDO
ORA? TO ME FORMANDO, E AGORA? TO ME FORMANDO, E AGORA? TO ME FORMAND
GORA? TO ME FORMANDO, E AGORA? TO ME FORMANDO, E AGORA? TO ME FORMA
RMANDO, E AGORA? TO ME FORMANDO, E AGORA? TO ME FORMANDO, E AGORA?
FORMANDO, E AGORA? TO ME FORMANDO, E AGORA? TO ME FORMANDO, E AGORA
ME FORMANDO, E AGORA? TO ME FORMANDO, E AGO
? TO ME FORMANDO, E AGORA? TO M
FORMANDO, E AGORA? TO ME FORMANDO, E AGORA
ME FORMANDO, E AGORA? TO ME FORMANDO, E AGO
? TO ME FORMANDO, E AGORA? TO ME FORMANDO
ORA? TO ME FORMANDO, E AGORA? TO ME FORMA
RMANDO, E AGORA? TO ME FORMANDO, E AGORA? T
FORMANDO, E AGORA? TO ME FORMANDO, E AGORA
ME FORMANDO, E AGORA? TO ME FORMANDO, E AGO
? TO ME FORMANDO, E AGORA? TO ME FORMANDO,
RMANDO, E AGORA? TO ME FORMANDO, E AGORA? T
FORMANDO, E AGORA? TO ME FORMANDO, E AGORA?
ME FORMANDO, E AGORA? TO ME FORMANDO
GORA? TO ME FORMANDO, E AGORA? TO ME FORMA
NDO, E AGORA? TO ME FORMANDO, E AGORA? TO M
RMANDO, E AGORA? TO ME FORMANDO, E AGORA? T
GORA? TO ME FORMANDO, E AGORA? TO ME FORN
NDO, E AGORA? TO ME FORMANDO, E AGORA? TO M
RMANDO, E AGORA? TO ME FORMANDO, E AGORA? T
FORMANDO, E AGORA? TO ME FORMANDO, E AGORA
ME FORMANDO, E AGORA? TO ME FORMANDO, E A
ORA? TO ME FORMANDO, E AGORA? TO ME FORMAN
GORA? TO ME FORMANDO, E AGORA? TO ME FORMA
E AGORA? TO ME FORMANDO, E AGORA? TO ME FO
NDO, E AGORA? TO ME FORMANDO, E AGORA?
ME FORMANDO, E AGORA? TO ME FORMANDO, E AGO
? TO ME FORMANDO, E AGORA? TO ME FORMANDO
ORA? TO ME FORMANDO, E AGORA? TO ME FORMAN
GORA? TO ME FORMANDO, E AGORA? TO ME FORMA
AGORA? TO ME FORMANDO, E AGORA? TO ME FORM
? TO ME FORMANDO, E AGORA? TO ME FORMANDO

Editora Senac Rio
Tel.: (21) 2018-9020 Ramal: 8516 (Comercial)
comercial.editora@rj.senac.br

Fale conosco: faleconosco@rj.senac.br

Este livro foi composto nas tipografias Nove,
Gibson e Rooney, e impresso pela Imos Gráfica
e Editora Ltda, em papel *offset* 90g/m2, para a
Editora Senac Rio, em março de 2023.